Thich Nhat Hanh

und die Gemeinschaft von Plum Village

ACHTSAM—KEIT mit KINDERN

Thich Nhat Hanh
und die Gemeinschaft von Plum Village

ACHTSAMKEIT mit KINDERN

Herausgegeben von Schwester Jewel
(Chan Chau Nghiem)

Aus dem Englischen
von Ursula Richard

nymphenburger

Umschlaggestaltung von Gramisci Editorial Design, München / Claudia Geffert unter Verwendung eines Farbfotos von Stocksy.

Unser gesamtes Programm finden Sie unter **kosmos.de/nymphenburger**

Gedruckt auf chlorfrei gebleichtem Papier

MIX
Papier | Fördert gute Waldnutzung
FSC® C110508

ISBN 978-3-96860-020-8
Projektleitung: Ramona Imhof
Gestaltungskonzept: atelier-sanna.com, München
Satz: Satzwerk Huber, Germering
Produktion: Angela List
Druck und Bindung: Westermann Druck Zwickau GmbH, Zwickau
Printed in Germany / Imprimé en Allemagne

Möge dieses Buch Ihnen helfen, die Samen der Achtsamkeit im Garten Ihres eigenen Lebens wie im Leben der Kinder, die Sie erziehen, zu pflanzen. Und mögen Sie, Ihre Familie, Ihre Schule und Ihre Gemeinschaft einen reichen Ertrag von Frieden, Zufriedenheit und Zusammengehörigkeit ernten.

Inhalt

Vorwort

Von allen Dingen, die wir unseren Kindern beibringen, ist die Lehre der achtsamen Gegenwärtigkeit eine der entscheidenden, doch in unserer Betriebsamkeit, den Lehrplan und die Aufgabe der Beaufsichtigung der Kinder zu bewältigen, übersehen wir sie oft. Thich Nhat Hanh lenkt unsere Aufmerksamkeit auf ein tieferes Potenzial in unserer Beziehung zu unseren Schülerinnen und Schülern und das basiert auf zwei grundlegenden, universellen menschlichen Bedürfnissen: zu lieben und zu verstehen. Man sagt, dass die Gegenwart des Lehrers im Klassenraum der ungeschriebene Lehrplan sei. Die Transformation unserer Schulen und unserer Gesellschaft beginnt mit unserer eigenen Transformation durch die Entwicklung und Kultivierung achtsamen Gewahrseins.

Adele Caemmerer, beim Thich-Nhat-Hanh-Retreat für Lehrer in Indien 2008

Achtsamkeit wird zunehmend als ein sehr wesentliches erzieherisches Werkzeug erkannt. Durch Achtsamkeit entwickeln wir Aufmerksamkeit, emotionales und kognitives Verstehen, körperliche Bewusstheit und Koordination sowie interpersonelle Bewusstheit und Fertigkeiten. Indem Achtsamkeit Stress, Ängste und Feindseligkeit mindert, stärkt sie unser Wohlbefinden, unseren Frieden, unsere Zuversicht und unsere Freude. Oft liegt der Fokus unseres Erziehungssystems auf kompetitiven Leistungen und wenig Wert wird auf soziales und emotionales Lernen gelegt. Es ist wichtig, dass Kindern in den Schulen die nötigen grundlegenden theoretischen Kenntnisse vermittelt werden, aber es ist auch entscheidend, dass Schulen Kinder dabei unterstützen, emotionale Stabilität und soziale Toleranz zu erlernen. Achtsamkeit ist ein machtvolles Werkzeug, Kindern die Fähigkeiten zu entwickeln helfen, Frieden in sich selbst und in der sie umgebenden Welt zu fördern.

Vor einigen Jahren schlug der Leiter der Welham Mädchenschule in Dehra Dun in Indien vor, dass ich die Schülerinnen einige Achtsamkeitsübungen lehren sollte, damit sie während der Prüfungen weniger Stress erlebten. Ich fand heraus, dass einfache achtsame Atem- und Gehübungen den Schülerinnen halfen, Ruhe zu finden und weniger Angst zu haben. Auf Einladung des Direktors der amerikanischen Botschaftsschule in Delhi bot ich einen zehnwöchigen Achtsamkeitskurs für Lehrende an. Diese treffen sich seither einmal wöchentlich. Obwohl sie alle sehr beschäftigt sind, besitzen diese Sitzungen hohe Priorität für sie, denn Achtsamkeit ist für sie sehr wesentlich geworden, was ihr eigenes Wohlbefinden und das der Kinder angeht. Cheryl Perkins, eine Lehrerin an der amerikanischen Botschaftsschule mit über 30 Jahren Berufserfahrung, sagte kürzlich: »Ich habe noch nie in meinem Leben etwas angewandt, das eine so beruhigende Wirkung auf die jungen Schülerinnen und Schüler in meiner Klasse hat wie die Achtsamkeitsglocke.«

Seit 1989 besuche ich Plum Village im Sommer, wenn Thich Nhat Hanh ein Familienretreat anbietet. Bei diesen Retreats üben Menschen aller Altersstufen, gewahr zu sein, wer sie sind, was sie fühlen, denken, reden und tun, was in ihnen und außerhalb von ihnen geschieht. Dieses Buch ist die Frucht einer jahrzehntelang gewachsenen Praxis der Plum-Village-Gemeinschaft mit Kindern. Von den Einsichten, Geschichten und konkreten Übungen, die Thich Nhat Hanh, die Nonnen und Mönche sowie Laienpraktizierende in diesem Buch anbieten, können Familien, Lehrer/innen und Erzieher/innen profitieren. Diese kraftvollen Lektionen können zu Hause, im schulischen Rahmen oder in anderen Einrichtungen in einer für Kinder sinnvollen und einladenden Weise angewandt werden.

Dieses Handbuch für Erwachsene lädt uns ein, uns zunächst selbst in Achtsamkeit zu üben, sodass wir sie aus unserer eigenen Erfahrung vermitteln können. Wenn wir die hier vorgestellten Werkzeuge in unserer Arbeit mit Familien und Kindern nutzen, werden daraus für sie Frieden, verbesserte Kommunikation und mehr Freude erwachsen. Jeder Mensch beeinflusst in einer Gemeinschaft die anderen. Wenn Menschen sich in kleineren Gruppen innerhalb einer Schule oder anderen Einrichtung zusammenfinden, um Achtsamkeit zu praktizieren, wird mehr und mehr eine friedvolle Energie spürbar werden. Ein Gefühl der Verbundenheit wird sich zwischen den Menschen herstellen und die natürliche Umgebung einschließen. In dieser ganzheitlichen, heilenden Atmosphäre kann jedes Kind seine eigenen Begabungen in einer freudvollen, warmherzig offenen Weise finden.

Dharmacharya Shantum Seth, Delhi, Indien, 2010

Das klingt so einfach und jeder kann es, doch bedarf es einiges an Training. Die Übung des Innehaltens ist dabei wesentlich. Wie gelingt uns das? Wir halten inne, indem wir uns unseres Einatmens, Ausatmens und unserer Schritte bewusst werden. Unsere grundlegende Übung ist achtsames Atmen und achtsames Gehen.
Wollen wir die Geschenke des Lebens vollständig genießen, müssen wir den ganzen Tag achtsam sein, ob wir nun ein Bad nehmen, Frühstück für unser Kind zubereiten, zur Arbeit fahren oder Kinder unterrichten. Jeder Schritt und jeder Atemzug kann eine Gelegenheit zu Freude und Glück sein. Das Leben ist voller Schwierigkeiten. Wenn wir nicht genügend Glück in Reserve haben, haben wir nichts. Achtsamkeit lässt uns unsere Freude bewahren und dann sind wir imstande, besser mit den Herausforderungen des Lebens umzugehen und in uns selbst die Grundlage für Freiheit und Liebe zu schaffen.

Klarer werden

Bevor ich Plum Village gründete, lebte ich in einer Einsiedelei, ungefähr anderthalb Fahrstunden von Paris entfernt. Sie lag auf einem von Wäldern umgebenen Hügel. Eines Tages kam eine Familie zu mir, die aus Vietnam geflüchtet war. Der Vater suchte in Paris eine Arbeit und bat mich, auf seine fünfjährige Tochter aufzupassen. Sie hieß Thuy und das bedeutet »Wasser«.
Thuy und ein anderes Kind blieben bei mir und wir verabredeten, dass die beiden, wenn es Zeit für die Abendmeditation war, schlafen gehen und nicht mehr reden oder spielen würden. Sie wollten ganz still sein, wenn ich vor der Sitzmeditation meine Robe anziehen und ein Räucherstäbchen entzünden würde.
Eines Tages spielten Thuy und einige andere Mädchen nah der Einsiedelei. Nach einer Weile kamen sie und baten um etwas Wasser. Ich hatte Apfelsaft von einem Nachbarn und bot jedem Kind ein Glas an. Das letzte Glas bekam Thuy, doch die wollte es nicht trinken, da so

viele Schlieren darin waren. Sie ließ es auf dem Tisch stehen und ging wieder nach draußen zum Spielen. Nach einer Stunde kam sie sehr durstig ins Haus und wollte Wasser trinken. Ich zeigte auf das Glas Apfelsaft und fragte sie: »Warum trinkst du das nicht? Es ist köstlich.« Sie schaute sich das Glas an und sah, dass der Saft nun vollkommen klar war, denn die Schlieren waren mittlerweile ganz nach unten gesunken. Sie war ganz glücklich und trank den Saft.

Dann fragte sie mich, warum der Apfelsaft so klar geworden war, und ich antwortete, dass er eine Stunde lang Sitzmeditation geübt habe. Und sie hat das verstanden!

Wenn wir ein Glas Apfelsaft für eine Stunde stehen lassen, bleibt er in der Zeit ganz unbewegt und ruhig und wird so klar. Sie sagte: »Nun verstehe ich, warum du meditierst – du willst klar sein.« Ich sagte: »Ja, du verstehst wirklich, was Meditation bedeutet. Wenn du weißt, wie du sitzt, wie du in einer stabilen Position sitzt, wie du einatmest und ausatmest, dann wirst du nach einer Weile friedvoll und klar.« Darum sitzen wir so gern jeden Tag. Wir ahmen das Glas Apfelsaft nach oder das Glas Apfelsaft macht uns nach.

DER GEIST IN EINEM GEFÄß*

Materialien: Kleine Glocke und Einlader (Holzschlegel), durchsichtiges Gefäß mit Wasser, Rührstab, Sand in verschiedenen Farben – oder verschiedene Arten von Bohnen oder Getreidekörnern, die langsam im Wasser nach unten sinken wie Reis, Hirse oder Linsen.

Man sollte zunächst ausprobieren, was sinkt oder was zu leicht ist und oben bleibt. Trockene Sesamsamen bleiben auf der Wasseroberfläche, doch wenn man sie über Nacht einweicht, werden sie sinken.

* Dies ist eine Adaption der ursprünglichen Übung aus *Peaceful Piggy Meditation* von Kerry Lee MacLean (Park Ridge, IL: Albert Whitman & Co 2004).

Mögliche anleitende Worte sind *kursiv* gesetzt. Antworten, die wir von Kindern bei dieser Übung erhalten haben, stehen in eckigen Klammern.
Stellen Sie ein großes durchsichtiges Gefäß mit Wasser in die Mitte; daneben einige Behälter mit farbigem Sand. Die Kinder sitzen im Kreis.

Das Gefäß mit Wasser ist unser Geist, und der Sand in den verschiedenen Farben sind unsere Gedanken und Gefühle. Welche Gedanken habt ihr, wenn ihr morgens aufwacht?
[Ich freue mich, meine Freunde in der Schule zu treffen. Ich möchte so gern länger schlafen. Ich habe Hunger.]
Jeder von euch kann jetzt etwas Sand nehmen, in der Farbe, die zu euren Gedanken oder Gefühlen passt, und dann eine Handvoll davon in das Gefäß streuen.

Eines der Kinder rührt das Wasser um, sodass der Sand herumwirbelt.

Und welche Gedanken habt ihr, wenn ihr zur Schule geht oder am Nachmittag oder wenn ihr zu Bett geht?

Die Kinder erzählen vielleicht von Gefühlen der Freude, Traurigkeit, des Ärgers, der Wut, des Friedens und der Schläfrigkeit, die in ihnen während des Tages hochkommen. Für jedes Gefühl streuen sie weiter Sand in das farbige, herumwirbelnde Wasser.
Das Kind, das den Sand umrührt, kann das nun noch etwas schneller tun.

So ist unser Geist, wenn wir in Eile sind, gestresst, ärgerlich oder aufgeregt. Könnt ihr in einem solchen Zustand die Dinge klar sehen? Ist es ein angenehmer Zustand? In welchen Situationen fühlt ihr euch so?
[Wenn meine Mutter mich anschreit. Wenn ich Angst habe. Wenn ich mich mit meinem Bruder zanke.]

Lassen Sie nun die Glocke erklingen und bitten Sie das Kind, mit dem Rühren aufzuhören.

Lasst uns mit dem Glockenklang atmen und den Sand beobachten, wie er sich langsam am Boden des Gefäßes absetzt.

Die Kinder finden das oft sehr entspannend.

Das passiert mit unserem Geist, wenn wir meditieren, wenn wir achtsam sind auf unseren Körper und unser Atmen. Wie ist das Wasser jetzt?
[Es ist klar. Es ist friedvoll.]
Die Gedanken und Gefühle können immer noch in unserem Geist sein, doch sie ruhen nun friedvoll am Boden, denn wir wissen, dass wir zu unserem Atem zurückkehren müssen, um sie zu beruhigen.
Wir können uns auch aussuchen, welche Gedanken und Gefühle wir in unserem Geist aufrühren wollen. Es gibt Zeiten, in denen wir unsere unglücklichen Gedanken und Gefühle anschauen können, um sie besser zu verstehen. Oder wir können solche Gedanken hervorbringen, die uns glücklich machen, Gedanken der Freundlichkeit, des Mitgefühls und des Verzeihens. Es ist wichtig, dass wir uns unserer Gedanken bewusst sind, sodass wir sie in die Richtung leiten, in die wir gehen wollen, statt dass wir uns von ihnen leiten lassen.

> *Achtsamkeit bedeutet bewusst und aufmerksam zu sein. Für mich ist achtsam sein, wenn du genau hinschaust, was andere durchmachen. Es ist wichtig, die guten Samen zu gießen, damit die Menschen wachsen und ihre guten Eigenschaften entwickeln können und so zu besseren Menschen werden.*
> *Riyaaz, 11 Jahre alt (Amerikanische Botschaftsschule in Delhi)*

---

* Übernommen aus: *Mindfulness – A Guide for Teachers*, Saltzman, Amy. »Teachers Guide / The Buddha«; PBS: Public Broadcasting Service, vom 7. Juli 2010; www.pbs.org/thebuddha/teachers-guide.

Warum es gut ist, mit Kindern Achtsamkeit zu üben*

Lehrende bitten ihre Schülerinnen und Schüler oft, aufmerksam zu sein, doch sie bringen ihnen nicht bei, wie sie das tun sollten. Die Achtsamkeitspraxis lehrt, wie man aufmerksam sein kann, und zeigt, dass dies sowohl das fachliche als auch das sozial-emotionale Lernen fördert. Achtsamkeit ist eine sehr wirkungsvolle Antwort auf Stress. Sie verbessert einen neurologischen Prozess, der »Ausführungsfunktion« genannt wird, und stärkt die Fähigkeit, Aufgaben zu organisieren, Zeitpläne zu machen, Prioritäten zu setzen und Entscheidungen zu treffen. Sie hilft Kindern – auch solchen, bei denen eine Aufmerksamkeitsstörung diagnostiziert wurde – zu lernen, wie sie ihre Aufmerksamkeit entwickeln und ausrichten können. Dadurch werden sie weniger reaktiv und sie werden mitfühlender mit sich und anderen.

ACHTSAME KINDER

- sind besser imstande, sich zu konzentrieren.
- werden zunehmend ruhiger.
- erfahren weniger Stress und Unruhe.
- erfahren eine verbesserte Impulskontrolle.
- haben ein wachsendes Selbstbewusstsein.
- finden sinnvolle Möglichkeiten, mit schwierigen Gefühlen umzugehen.
- können sich in andere einfühlen und sie besser verstehen.
- verfügen über innere Mittel zur Konfliktlösung.

ACHTSAME LEHRER/INNEN

- haben ein Gewahrsein für sich selbst und können sich gut auf ihre Schüler/innen einstellen.
- sind imstande, auf die Bedürfnisse ihrer Schüler/innen zu reagieren.
- bewahren ein emotionales Gleichgewicht.
- nähren eine Lernatmosphäre, in der die Schüler/innen in ihren fachlichen, emotionalen und sozialen Kompetenzen wachsen.
- geht es beruflich und privat gut.
- wissen, wie sie mit Stress umgehen und ihn reduzieren können.
- haben beruflich und privat gute, gesunde Beziehungen.

2. Kapitel

Wie wir in Plum Village mit Kindern üben

Ich baue sehr darauf, dass Kinder und Jugendliche hier Dinge lernen, die gemeinhin nicht in der Schule gelehrt werden, so wie achtsames Atmen, achtsames Gehen, zu lernen, wie man tief schaut und wie man sich um die eigene Wut kümmert.

Thich Nhat Hanh

In jedem Sommer kommen Hunderte junger Menschen in unser Zentrum Plum Village im Südwesten Frankreichs, um an einem Familienretreat teilzunehmen. Um die 50 verschiedene Nationen sind dann oft hier vertreten. Die Kinder sprechen Englisch, Französisch, Deutsch, Spanisch, Hebräisch und viele andere Sprachen und sie freuen sich sehr, einander zu begegnen. Ich liebe es, mit den Kindern gemeinsam zu gehen, und sie begleiten mich immer während der Gehmeditation. Wir klettern die Hügel hinauf, gehen durch den Wald und genießen es, zusammen zu sein. Haben wir die Hälfte der Strecke bei unserer Gehmeditation zurückgelegt, setzen wir uns hin und erfreuen uns schweigend an der Schönheit des Sommers. Die Kinder sitzen immer sehr ruhig und voller Freude mit mir im Rund und das macht mich sehr glücklich. Es gibt kaum etwas, das ich mehr genieße als die Gehmeditation, besonders wenn Kinder mich dabei begleiten.

Überraschenderweise genießen Kinder, selbst ganz kleine schon, auch die Stille, das Schweigen. Das ist kein beklemmendes Schweigen, sondern eines, das beredt und kraftvoll ist. In Plum Village nennen wir es »Edles Schweigen«, denn es ist heilsam, nährend und bringt uns Frieden. Die Kinder wissen, wie sie im Schweigen achtsam gehen, wie sie achtsam atmen und ihr Atmen genießen können. Zusammen schaffen wir die Energie des Friedens und der Freude. Niemand von uns will dann fernsehen oder am Computer spielen, und uns geht's einfach gut.

Den Kindern gefällt es in Plum Village nicht etwa deshalb, weil bei uns alles so gut organisiert wäre. Wir sind in Plum Village gar nicht besonders gut organisiert. Den Kindern gefällt es bei uns, weil sie sich hier in achtsamem Gehen, achtsamem Atmen und achtsamem Sitzen üben können. Zusammen schaffen wir eine sehr kraftvolle Energie des Friedens, der Achtsamkeit und der Freude. Am meisten profitieren die Kinder von der Stille und dem Frieden in der Gemeinschaft und gar nicht so sehr von den Dharma-Vorträgen oder anderen formalen Belehrungen.

Erfahrungen austauschen: Als eine Familie üben

Von Schwester Cuc Nghiem und Schwester Anh Nghiem, Plum Village, Frankreich

Familien, die zu uns kommen, lernen bei uns, wie sie als Familie gemeinsam üben können. Kinder sind bei allen Aktivitäten willkommen, doch wenn sie es vorziehen, draußen zu spielen, können sie auch das tun. Das Retreat besteht darin, *wie* wir alles während des Tages tun. Wir bieten viele Werkzeuge für die Achtsamkeit an, die Erwachsenen und Kindern helfen, innezuhalten und zum gegenwärtigen Moment zurückzukehren. In unseren Zentren erklingt viele Male am Tag eine Glocke. Jedes Mal, wenn wir eine solche Achtsamkeitsglocke hören, halten wir alle inne – wir hören auf, uns zu bewegen, hören auf zu arbeiten, hören auf zu sprechen. Auch die Kinder lernen, in solchen Momenten in ihrem Umherlaufen und Spielen innezuhalten. Alle wenden sich dem eigenen Atem zu, um Körper und Geist im gegenwärtigen Moment miteinander zu verbinden.

Halten Eltern inne, tun Kinder das auch. Das ganze Dorf tut es. Manchmal halten 500 bis 600 Menschen inne, um zu atmen und Körper und Geist zu entspannen. Die Kinder werden vom Fluss dieses gemeinsamen Tuns mitgezogen, denn jeder tut das Gleiche. Wenn es während des Tages immer wieder solche Momente des Innehaltens gibt, wird dies zu der Luft, die wir alle atmen, es wird zu unserer Lebensweise. Es gibt keine getrennten Übungen für Kinder und Erwachsene; die Essenz der Übung ist für alle gleich. Indem Familien auf Retreats lernen, wie sie gemeinsam Achtsamkeit kultivieren, werden sie dies zu Hause in ihrem Alltag anwenden können.

3. Kapitel

Unsere eigene Achtsamkeit kultivieren

Um Kindern erfolgreich Achtsamkeit näherzubringen, müssen Sie sich zunächst einmal selbst mit ihr vertraut machen. Ihre Gegenwärtigkeit, Ihre Ruhe und Ihr Frieden sind das größte Geschenk, das Sie jungen Leuten machen können. Sind Sie gefestigt, glücklich und mitfühlend, werden Sie ganz selbstverständlich wissen, wie Sie ein glückliches familiäres oder schulisches Umfeld schaffen und die positiven Eigenschaften in Ihren Kindern, anderen Familienmitgliedern, Schülerinnen und Schülern und den Arbeitskollegen nähren können. Gute Schulen haben eines gemeinsam – gute Lehrerinnen und Lehrer. Um ein guter Lehrer oder ein guter Elternteil zu sein, müssen Sie sich selbst kennen und gut auf sich achtgeben. Sie brauchen eine Praxis, die Ihnen hilft, auf intelligente und mitfühlende Weise mit Ihren Gefühlen, mit Ihrem Leiden umzugehen, sodass Sie sich mitfühlend dem Leiden in Ihren Kindern, Schüler/innen und Kolleg/innen zuwenden können.

Wir alle tragen Wunden in uns, die wir uns in unserer Kindheit zugezogen haben. Uns auf den Weg der Heilung dieser Wunden zu machen, erleichtert uns den Umgang mit Kindern. Andernfalls werden wir das, was wir bislang nicht transformieren konnten, an unsere Kinder und unsere Schüler/innen weitergeben. Unser Leiden wird zu ihrem Leiden. Daher ist es so wichtig, dass wir uns in unserem alltäglichen Leben in Achtsamkeit üben. Es geht nicht nur darum, einen Burn-out zu vermeiden; Achtsamkeit ermöglicht Veränderung in der Tiefe unseres Bewusstseins. Dieses Kapitel, in dem es darum geht, wie Sie auf sich selbst gut achtgeben können, ist vielleicht das wichtigste in diesem Buch. Sind Sie nicht mit sich selbst im Frieden, wie können Sie da Ihren Kindern und Schülern und Schülerinnen Frieden vermitteln?

DER ERSTE SCHRITT: AUF UNS SELBST ACHTGEBEN

Wir müssen lernen, wie wir während des Tages, während wir gehen, sitzen, essen oder uns die Zähne putzen, auf uns achtgeben, uns um uns selbst kümmern können. Unser Zuhause besteht aus unserem Körper, unseren Gefühlen, Empfindungen, Wahrnehmungen und unserem Bewusstsein. Wir haben ein großes, weites Territorium als unser Zuhause, und als Herrscher sind wir auch dafür verantwortlich. Wir sollten lernen, wie wir zu uns selbst zurückkehren und uns um unseren Körper und unseren Geist kümmern können. Dabei vermag uns die Achtsamkeit zu helfen. Haben wir beispielsweise Schmerzen, Spannungen oder Stress im Körper, müssen wir uns als Erstes unserem Körper zuwenden und uns um ihn kümmern. Das können wir tun, indem wir uns einen Moment des Innehaltens nehmen und sagen:

Einatmend bin ich mir meines ganzen Körpers bewusst.
Ausatmend lasse ich alle Spannungen in meinem Körper los.

Haben wir gelernt, uns um unseren Körper zu kümmern, setzen wir das in Bezug auf unsere Gefühle und Empfindungen fort. Durch Achtsamkeit können wir Gefühle der Freude und des Glücks hervorbringen. Kommt eine starke Emotion hoch, sollten wir wissen, wie wir mit ihr umgehen. Den folgenden kurzen Übungsvers, genannt Gatha, können wir einige Male wiederholen, da er uns bei diesen Emotionen zu helfen vermag:

Einatmend bin ich mir des schmerzvollen Gefühls in mir bewusst.
Ausatmend umarme ich es mit Zärtlichkeit.

Wir versuchen nicht, dieses Gefühl beispielsweise durch Konsumieren zu überdecken. Viele von uns suchen den Schmerz eher zu vermeiden und betäuben sich mit Filmen, dem Internet, Büchern, Alkohol, Essen, Shopping und Gesprächen, nur um ihr Leiden nicht spüren zu müssen. Letztendlich macht das die Situation natürlich nur schlimmer.

Der Buddha sagt, dass nichts ohne Nahrung überleben kann. Sind unser Schmerz, unser Kummer und unsere Ängste noch immer da, dann nur, weil wir sie auch nähren. Sobald wir unseren Schmerz, unseren Kummer und unsere Ängste erkannt und umarmt haben und auf diese Weise etwas Linderung erfahren, können wir tiefer in die Natur unseres Schmerzes schauen, um dessen Wurzeln zu erkennen. Wir erkennen so, welche Art der Nahrung zu unserem Leiden, unserer Angst und Depression geführt hat.

Leiden wir unter Depressionen, bedeutet dies, dass wir in einer Weise gelebt und konsumiert haben, die Depressionen ermöglicht hat. Der Buddha sagt, dass wir uns bereits auf dem Pfad der Befreiung befinden, wenn wir tief in das schauen, was ist, besonders in unser Leiden, und so dessen Nahrungsquelle erkennen.

Unsere Kinder konsumieren vielleicht jede Menge Gewalt, Angst und Verlangen. Wenn sie fernsehen, erleben sie Tausende von Gewaltakten, sodass die Samen von Gewalt, Verlangen und Angst in ihnen wachsen. Mittlerweile sind viele Jugendliche selbst voller Gewalt und wissen nicht, wie sie mit ihren Gefühlen, mit ihrem Leiden zurechtkommen können. Wir Eltern und Erziehende sollten imstande sein, ihnen zu helfen, mit ihrer Angst, ihrer Wut und Gewalt umzugehen. In Frankreich bringen sich jährlich mehr als 12 000 Jugendliche um. Sie sind Opfer heftiger Gefühle wie Wut, Angst und Verzweiflung und erfahren in der Schule nicht, wie sie mit diesen starken Gefühlen umgehen können. Es ist für uns Eltern und Lehrende sehr wichtig zu lernen, wie wir selbst besser mit unseren Gefühlen umgehen, um jungen

Menschen zu Hause und in unserer Klasse beizubringen, wie sie das schaffen. Wir haben so konsumiert, dass unsere Angst, Wut und Verzweiflung sehr groß geworden sind; von daher sollte achtsames Konsumieren die Antwort und unsere Praxis sein. Wir sollten so konsumieren, dass die negativen Elemente in uns nicht weiter genährt werden. Auch Liebe kann nicht ohne Nahrung überleben. »Füttern« wir unsere Liebe nicht, wird sie eines Tages sterben. Darum ist es so wichtig zu erkennen, welche Nahrung wir brauchen, um die positiven Dinge in uns zu nähren. Wir sollten nur solche Dinge konsumieren, durch die wir unser Verstehen, unser Mitgefühl und unsere Liebe entwickeln.

Im Folgenden finden Sie Übungen, die Sie in Ihrem täglichen Leben anwenden können, um die Energie der Achtsamkeit zu stärken, Spannungen zu reduzieren und Freude zu nähren. Sie können langsam beginnen, zunächst nur eine Übung in Ihren Alltag integrieren und allmählich weitere dazunehmen. Sie müssen Achtsamkeit auch nicht perfekt beherrschen, bevor Sie damit anfangen, sie Kindern näherzubringen. Bereits zu Beginn der Praxis verändern Sie sich und die Frucht Ihrer Veränderung – selbst wenn sie klein ist – wird Ihren Kindern, Ihren Schüler/innen oder den jungen Menschen, mit denen Sie arbeiten, von Nutzen sein.

REGELMÄẞIGE, TÄGLICHE ACHTSAMKEITSPRAXIS

Es ist sehr hilfreich, sich jeden Tag fünf oder zehn Minuten Zeit für das achtsame Atmen zu nehmen, ob am Morgen oder am Abend. Versuchen Sie, jeden Tag zur gleichen Zeit zu üben, an einem Ort, der Ruhe und Konzentration unterstützt. Sie können auf einem Stuhl oder einem Kissen auf dem Boden sitzen. Sitzen Sie in bequemer Haltung mit aufrechtem, doch entspanntem Rücken. Ihre Augen können Sie schließen oder halb geöffnet halten. Folgen Sie einfach Ihrem Ein- und Ausatmen und bleiben Sie mit Ihrer ganzen Aufmerksamkeit beim Atemvorgang. Sie können auch die nachfolgend beschriebene geleitete Meditation dafür verwenden.

GELEITETE MEDITATION: DIE FREUDE DER MEDITATION ALS NAHRUNG

Diese geleitete Meditation können Sie im Sitzen oder im Gehen oder auch im Bett liegend vor dem Schlafen durchführen. Machen Sie jede Übung mindestens zehn Atemzüge lang und verwenden Sie dabei die Schlüsselworte für jede Übung. Sie helfen Ihnen, mit Ihrer Aufmerksamkeit dabeizubleiben. Schweift Ihr Geist ab, bringen Sie ihn sanft wieder zum Atem und den Schlüsselworten zurück.

1. Einatmend weiß ich, dass ich einatme.	*ein*
Ausatmend weiß ich, dass ich ausatme.	*aus*
2. Einatmend vertieft sich mein Atem.	*tief*
Ausatmend verlangsamt sich mein Atem.	*langsam*
3. Mir meines Körpers bewusst, atme ich ein.	*des Körpers bewusst sein*
Den Körper entspannend, atme ich aus.	*den Körper entspannen*
4. Den Körper beruhigend, atme ich ein.	*den Körper beruhigen*
Auf den Körper achtgebend, atme ich aus.	*auf den Körper achtgeben*
5. Dem Körper zulächelnd, atme ich ein.	*dem Körper zulächeln*
Den Körper lockernd, atme ich aus.	*den Körper lockern*

6. Dem Körper zulächelnd, atme ich ein.	*dem Körper zulächeln*
Die Spannungen im Körper lösend, atme ich aus.	*Spannungen lösen*
7. Mich daran freuend, lebendig zu sein, atme ich ein.	*freudig fühlen*
Mich glücklich fühlend, atme ich aus.	*mich glücklich fühlen*
8. Im gegenwärtigen Moment verweilend, atme ich ein.	*gegenwärtiger Moment*
Den gegenwärtigen Moment genießend, atme ich aus.	*genießen*
9. Mir meiner stabilen Position bewusst, atme ich ein.	*stabile Position*
Die Stabilität genießend, atme ich aus.	*genießen*

EINE ACHTSAME HANDLUNG

Zusätzlich zur täglichen Übung des achtsamen Atmens sollten Sie sich eine Aktivität aussuchen, die Sie vollkommen achtsam durchführen wollen. Ich zum Beispiel genieße jedes Mal, wenn ich Treppen hinaufsteige, jeden Schritt. Einatmend mache ich einen Schritt und lächle. Ausatmend genieße ich ihn. Ich habe mit den Stufen in meiner Einsiedelei eine Vereinbarung geschlossen, dass ich, sollte ich es bei einem Schritt verpassen, achtsam zu sein und ihn zu genießen, wieder zurückgehe und es erneut versuche! Schließen Sie doch auch mit Ihren Stufen eine solche Vereinbarung oder mit der Strecke von zu Hause bis zur Bushaltestelle oder von Ihrer Arbeitsstelle zum Auto.
Auch andere Aktivitäten eignen sich gut dafür, dass Sie sich daran tief erfreuen: vielleicht das achtsame Zähneputzen, das Öffnen und Schlie-

ßen der Tür, das Lichtanschalten oder Autofahren. Wann immer Sie eine dieser Aktivitäten durchführen, lassen Sie nicht zu, dass Ihr Geist woanders ist, dass Sie sich in Ihren Gedanken verlieren. Bringen Sie Ihre gesamte Aufmerksamkeit zu Ihrem Tun und machen Sie daraus eine Meditation.

KURZE VERSE ZUM ATMEN

Gathas sind kurze Achtsamkeitsverse, die wir nutzen können, um unser tägliches Leben erwachter zu führen. Wir rezitieren eine Zeile beim Einatmen und die nächste Zeile beim Ausatmen. Seien Sie kreativ und ersinnen Sie Ihre eigenen Gedichte für die Aktivitäten, die Sie künftig achtsamer durchführen wollen.

Aufwachen

Ich wache auf und lächle.
Vierundzwanzig neue Stunden liegen vor mir.
Ich gelobe, jeden Augenblick bewusst zu leben
und alle Wesen mit den Augen des Mitgefühls zu betrachten.

Beim Lesen oder Korrigieren von Schülerarbeiten

Einatmend bin ich in Berührung mit den Bemühungen meines Schülers zu lernen.
Ausatmend ermutige ich und leite an mit Klarheit, Geschick und Mitgefühl.

LÄCHEL-MEDITATION

Es ist wichtig, unser eigenes Lächeln nicht zu vergessen und nicht die Kraft, die es besitzt. Mit unserem Lächeln schaffen wir für uns und andere in unserer Umgebung viel Freude und Entspanntheit. Lächeln ist eine Art Mund-Yoga. Beim Lächeln entspannt sich unser Gesicht. Andere, selbst Fremde, merken das und lächeln vermutlich zurück. So setzen wir eine Kettenreaktion in Gang, berühren die Freude in allen, denen wir begegnen. Ein Lächeln ist ein Botschafter unseres guten Willens. Atmen Sie einige Male ein und aus, während Sie lächeln.

Einatmend lächle ich.
Ausatmend entspanne ich und berühre die Freude.

DER MUßETAG

In all unseren Plum-Village-Zentren überall auf der Welt gibt es einen Mußetag in der Woche, an dem es mit Ausnahme der Mahlzeiten keinen festgelegten Tagesablauf gibt. Wenn wir wissen, wie wir an unserem Mußetag in tiefer Weise leben, kann er zum besten Tag der Woche für uns werden. Müßig zu sein bedeutet nicht, dass wir nicht praktizieren, aber wir tun es nach unseren eigenen Maßgaben. Keine Glocke ruft uns zu bestimmten Aktivitäten, es gibt keinen festgelegten Tagesablauf und alle können tun, was sie wollen, auch schlafen oder lesen sind möglich. Der Mußetag ist ein sehr heiliger Tag, ähnlich dem Schabbat in der jüdischen Tradition. An Mußetagen versuchen wir, so müßig wie möglich zu sein. Das ist gar nicht so einfach, denn wir sind daran gewöhnt, immer etwas zu tun.

Wir können uns an diesem Tag in einer Hängematte ausruhen. Wir können für uns Geh- oder Sitzmeditation üben, ein Picknick oder einen Ausflug organisieren. Wir können unser Telefon und den Computer ausgeschaltet lassen und uns selbst die Zeit und den Raum geben, Dinge zu tun, zu denen wir an anderen Tagen nicht kommen, wie einen langen Spaziergang machen, ein Gedicht schreiben, uns einen Tee bereiten, den wir langsam trinken, während wir den Himmel betrachten, oder eine Freundin einladen, mit der wir still zusammensitzen und uns an unserem Zusammensein erfreuen. Was auch immer wir tun, wir tun es achtsam, denn auf diese Weise genießen wir alles am besten.

Nichts zu tun und nur uns selbst und das, was uns umgibt, zu genießen ist eine sehr tiefe Praxis, denn wir alle haben eine Energie in uns, die uns ständig treibt, dieses oder jenes zu tun. Wir können kaum still sitzen oder liegen, uns an uns selbst oder dem blauen Himmel über uns erfreuen. Wir halten es kaum aus, nichts zu tun. Von daher müssen wir uns im Müßiggang üben, um diese Art der Gewohnheitsenergie, die uns fortwährend dazu bringt, etwas zu tun, etwas zu sagen, zu verwandeln. Dazu ist der Mußetag wunderbar geeignet. Haben wir nicht die Möglichkeit, einen ganzen Tag so zu nutzen, dann vielleicht einen halben oder ein paar Stunden in der Woche. Jeder dieser Tage bietet uns die unterschiedlichsten Dinge zu tun an – oder besser gesagt: zu *sein*.

DER ZWEITE SCHRITT: AUF UNSERE BEZIEHUNGEN ACHTGEBEN

Nachdem wir uns einige Wochen darin geübt haben, auf uns selbst besser achtzugeben, werden wir uns schon viel besser fühlen. Dann können wir einen Schritt weitergehen und uns unserem Partner, unserer Freundin oder unserem Mitarbeiter zuwenden, um auf sie oder ihn achtzugeben. Wir können unseren Lieben helfen, sich um ihr Leiden zu kümmern, doch dafür müssen wir zunächst selbst in der Lage sein, dies zu tun.

Sind wir das, werden wir klarer sehen, dass die, die uns nahestehen, ebenfalls leiden. Sie haben ihre eigenen Probleme und Schwierigkeiten. Wenden wir uns ihnen zu, stärken wir dadurch auch unsere eigenen Möglichkeiten als Eltern, Lehrer/innen und Erzieher/innen.
Viele von uns sind kaum noch fähig, wirklich zuzuhören und in liebevoller Weise zu sprechen. Wir fühlen uns, selbst in unserer Familie, oft sehr einsam. Ist die Kommunikation abgeschnitten, leiden wir. Hört uns niemand zu oder fühlen wir uns unverstanden, werden wir zu einem Sprengsatz, der jederzeit hochgehen kann.
Tiefes, mitfühlendes Zuhören vermag unsere Situation zu heilen. Manchmal können schon zehn Minuten tiefen Zuhörens uns verwandeln und ein Lächeln auf unsere Lippen zaubern. Darüber hinaus müssen wir uns in liebevollem Sprechen üben, um Harmonie, Liebe und Glück wiederherzustellen.
Häufig haben wir unsere Fähigkeit verloren, Dinge ruhig und freundlich zu sagen. Zu schnell werden wir ärgerlich. Vielleicht haben Sie und Ihr Partner oder ein Ihnen nahestehender Mensch in den letzten Jahren sehr gelitten. Ihnen beiden scheint dabei die Fähigkeit abhandengekommen zu sein, einander tief und mitfühlend zuzuhören. Weil so viel Schmerz, Leiden und Gewalt in uns ist, ist es für uns schwierig, geduldig und mitfühlend zuzuhören oder liebevoll zu sprechen. Wir wollen ja so gern ruhig sprechen, doch wenn wir dem anderen Menschen unser Herz öffnen möchten, werden wir bitter und urteilend. Und das macht es dem anderen nicht leicht, uns weiter zuzuhören. Es ist von daher sehr wichtig, ruhig und mitfühlend zuzuhören und in friedvoller, liebevoller Weise zu sprechen. Es gibt zwei Instrumente, die dazu beitragen, dass Kommunikation wieder stattfinden kann.
Nachdem wir achtsam geatmet und die Situation tief betrachtet haben, werden wir erkennen, dass auch wir zu den momentanen Schwierigkeiten beigetragen haben. Dann können wir uns beispielsweise unserem Partner zuwenden und in liebevoller Sprache sagen: »Liebe/r, ich weiß, dass du in den vergangenen drei oder vier Jahren sehr leiden

musstest. Teilweise bin sicherlich ich dafür verantwortlich. Ich habe dein Leiden und deine Schwierigkeiten nicht ausreichend verstanden, und so habe ich Fehler gemacht, in dem, was ich sagte, und dem, was ich tat. Ich habe das nicht gewollt. Aus Ungeschick heraus habe ich so gehandelt und gesprochen. Eigentlich wollte ich dich nur glücklich machen, doch weil ich zu wenig über dein Leiden wusste, habe ich Fehler gemacht. Ich möchte wirklich wissen, was in dir vorgeht. Erzähl mir doch bitte von deinen Problemen, deinem Leiden, deinen tiefsten Wünschen. Bitte hilf mir, damit wir wieder glücklich sein können.« Wenn Sie sich in dieser Weise dem anderen zuwenden, wird sich dessen Herz öffnen.

Geschieht dies, sollten Sie in dem Bewusstsein zuhören, dass es einzig darum geht, das Leiden des anderen zu lindern. Egal, was er sagt, Sie hören einfach nur zu. In einer Beziehung nehmen wir einander oft falsch wahr. Wenn Sie Ihrem Partner wirklich zuhören, werden Sie merken, wie oft Sie ihn falsch wahrnehmen und umgekehrt. Doch Sie hören jetzt einfach nur zu, ohne zu reagieren. Später können Sie dann unter Umständen zur Berichtigung die nötigen Informationen beisteuern, jetzt aber ist nicht der richtige Zeitpunkt dafür. Vielleicht ist er in einigen Tagen oder Wochen gekommen und Sie tragen durch sachliche Informationen dazu bei, dass sich die Sicht des anderen ändert, doch kommen Sie nicht mit zu viel auf einmal, sonst kann der andere das alles gar nicht aufnehmen.

Selbst wenn die andere Person voller Bitterkeit, falscher Wahrnehmungen, Urteile und Ablehnung spricht, werden Sie ihr weiter mitfühlend zuhören. Mitgefühl beim Zuhören lebendig zu halten ist durchaus eine Kunst, und sie wird durch die Achtsamkeitspraxis möglich. Wenn wir einem Menschen eine Stunde lang mitfühlend zuhören, wird das bereits sein Leiden lindern. Mitgefühl schützt Sie auch davor, dass durch das Gesagte Ihre eigenen Samen des Ärgers oder der Wut berührt werden. Sie lauschen wie der Bodhisattva oder das Große Wesen des Mitgefühls. Das ist die Technik. Der Bodhisattva des Mitgefühls ist nicht irgendwo am Himmel. Er ist in jeder Zelle Ihres

Körpers. Wissen Sie, wie Sie ihn berühren können, wird er sich selbst Ausdruck verschaffen und während Ihres tiefen Zuhörens in Ihrem Herzen bleiben.

Wenn Sie mit ganzem Herzen zuhören, kann die Qualität Ihres Zuhörens sogar besser sein als die eines Psychotherapeuten. Leidet der Mensch, der Ihnen nahesteht, können auch Sie nicht glücklich sein. Von daher sollten Sie mit all Ihrer Aufmerksamkeit zuhören und das Mitgefühl die ganze Zeit über in Ihrem Herzen lebendig halten. Haben Sie den Eindruck, dafür nicht stark genug zu sein, dann zwingen Sie sich nicht dazu, sondern sagen Sie: »Liebe/r, ich bin heute nicht so gut beieinander. Können wir uns ein anderes Mal zusammensetzen, wenn ich dir besser mit ganzem Herzen zuhören kann?« Dann sollten Sie durch achtsames Gehen und achtsames Atmen Ihre Fähigkeit des tiefen Zuhörens stärken.

Wenn wir in unseren Beziehungen nicht achtsam sind, dann sagen oder tun wir Dinge, die anderen Leid zufügen. Das mag nur ein kleines Körnchen Leid sein, und wir glauben vielleicht, es sei nicht der Beachtung wert, doch dieses Denken ist gefährlich. Tag um Tag wird das Leiden zunehmen und dann, eines Tages, können Sie Ihren Partner nicht mehr voller Glück anschauen. Anfangs war Ihre Liebe so wundervoll. Ständig mochten Sie den geliebten Menschen sehen und um sich haben. Ihn nur zu betrachten war schon Anlass zur Freude. Doch dann hat sich etwas geändert; der Anblick des anderen macht Sie längst nicht mehr glücklich. Sie schauen vielleicht gemeinsam fern, um nicht einander ansehen zu müssen. So scheitern viele Beziehungen. Doch wir können einander stets dabei helfen, unsere Liebe wiederzuentdecken.

Die beste Möglichkeit, den anderen zu liebevollem Sprechen zu ermutigen, ist, selbst liebevoll zu sprechen. Tun wir das, kommt uns das selbst zugute, es macht uns glücklich, und ganz allmählich wird auch der andere die Wirkkraft liebevollen Sprechens erkennen.

Auch in einer Situation, die von Unterdrückung und Ungerechtigkeit gekennzeichnet ist, können wir in liebevoller Weise sprechen; ist dies doch manchmal die einzige Sprache, durch die andere Menschen oder Gruppen zu erreichen sind. Beschuldigen, kritisieren oder verdammen wir andere, werden sie uns nicht zuhören. Wir verlieren dann unsere Energie und gelangen nirgendwohin.

Sobald es Ihnen gelingt, Ihre Wut, Ihre Angst, Ihren Kummer zu verwandeln, können Sie Ihrem Partner, Ihrer Partnerin helfen. Vielleicht haben Sie das schon in der Vergangenheit versucht, blieben dabei aber ohne Erfolg, weil Sie sich selbst nicht geändert hatten. Nun, da das geschehen ist, können Sie Ihren Partner, Ihre Partnerin inspirieren, es Ihnen nachzutun. Wenn Sie dann nach Hause kommen oder sich wieder treffen, werden Sie mit ihm oder ihr die Freuden und Schwierigkeiten in Ihrer Arbeit mit Jugendlichen besprechen können und Sie werden sicher Unterstützung finden.

NEUBEGINN

Neu zu beginnen beinhaltet, uns selbst genau und mit Ehrlichkeit zu betrachten sowie unsere vergangenen Handlungen, das, was wir gesprochen und gedacht haben, genau anzuschauen und einen frischen Neubeginn für uns selbst und in unseren Beziehungen zu anderen zu schaffen. Wir praktizieren den Neubeginn, um unseren Geist zu klären und unsere Übung lebendig zu halten. Gibt es in einer Beziehung Probleme und Schwierigkeiten, fühlt sich einer von beiden verletzt oder feindselig, wissen wir, dass es Zeit ist für einen Neubeginn.

Der Neubeginn hilft uns, liebevolles Sprechen und mitfühlendes Zuhören zu entwickeln, denn bei dieser Übung erkennen und wertschätzen wir die positiven Elemente innerhalb unserer Beziehung oder Gemeinschaft. Indem wir die positiven Eigenschaften anderer erkennen, sehen wir auch unsere eigenen guten Qualitäten. Neben guten Eigenschaften haben wir alle auch Schwächen, wir sprechen und handeln vielleicht manchmal aus Wut und Ärger heraus oder sehen die Dinge falsch, beharren aber auf unserer Sicht. Es ist wie in einem Garten: »Gießen wir die Blumen« der liebenden Güte und des Mitgefühls in uns, dann entziehen wir gleichzeitig dem Unkraut der Wut, der Eifersucht und der falschen Wahrnehmungen Energie.

Wir können den Neubeginn jede Woche durchführen. Wir sitzen dabei im Kreis. In der Mitte steht eine Vase mit Blumen, die uns an unsere Frische erinnert. Die Übung besteht aus drei Teilen: Gießen der Blumen, Bedauern zum Ausdruck bringen, Verletzungen und Schwierigkeiten ausdrücken. Durch diese Praxis können wir verhindern, dass sich verletzte Gefühle über Wochen hinweg anstauen, und sie ist hilfreich, die Gemeinschaft zu einem sicheren Ort zu machen.

1. Wir beginnen mit dem Gießen der Blumen.

Wenn wir sprechen, spiegeln unsere Worte die Frische und Schönheit der Blumen zwischen uns wider. Wir wertschätzen zunächst die heilsamen, wundervollen Qualitäten der anderen. Das ist nicht geflunkert, denn wir sagen immer die Wahrheit. Jeder hat seine starken Seiten, die wir erkennen, wenn wir achtsam sind. Wir unterbrechen niemanden, der spricht. Er hat so viel Zeit, wie er braucht, während alle anderen tiefes Zuhören praktizieren.

Wir sollten diesen ersten Schritt des Blumengießens nicht unterschätzen. Können wir die guten Eigenschaften anderer Menschen wahrhaft erkennen, werden wir kaum noch an unseren Gefühlen der Wut und Verbitterung festhalten. Wir werden auf ganz natürliche Weise weicher, unsere Perspektive wird weiter und umfassender. Sind wir nicht länger in falschen Wahrnehmungen, Ärger und Urteilen verfangen, können wir viel leichter einen Weg der Versöhnung mit den anderen aus unserer Gemeinschaft oder unseren Familienmitgliedern finden. Liebe und Verstehen zwischen Menschen wiederherzustellen, das ist die Essenz dieser Übung. Welche genaue Form diese Übung dann hat, muss zu der Situation und den beteiligten Menschen passen. Es ist immer hilfreich, sich mit anderen, die mehr Erfahrungen mit dieser Übung haben und möglicherweise durch ähnliche Schwierigkeiten gegangen sind, zu beraten, um von ihren Erfahrungen zu profitieren.

2. *Im zweiten Schritt drücken wir unser Bedauern aus über alles, was wir getan haben, das andere verletzt hat.*

Manchmal kann man jemanden schon mit nur einem gedankenlosen Satz verletzen. Den Neubeginn zu üben ist eine gute Gelegenheit, sich einigen Kummer aus der letzten Woche wieder ins Gedächtnis zu rufen und ihn aufzulösen.

3. *Im dritten Teil sprechen wir von dem, was andere uns zugefügt haben.*

Liebevolles Sprechen ist so entscheidend. Wir wollen unsere Beziehungen und die Gemeinschaft heilen, wollen kein weiteres Leid zufügen. Wir sprechen ganz offen, aber nicht destruktiv. Ein wichtiges Element der Übung ist auch das tiefe Zuhören. Unser Sprechen wird sehr viel schöner und konstruktiver, wenn wir in einem Kreis von Freundinnen und Freunden sitzen, die alle tief zuhören. Wir klagen niemals an, beschuldigen niemanden und streiten nicht.

Beim letzten Teil der Zeremonie ist das mitfühlende Zuhören ganz wesentlich. Wir lauschen dem, was die anderen über ihre Verletzungen und Schwierigkeiten sagen, und sind willens und bereit, ihr Leiden zu lindern, sie nicht zu bewerten oder zu beurteilen oder mit ihnen zu streiten. Wir lauschen mit all unserer Aufmerksamkeit. Selbst wenn wir etwas Unwahres hören, hören wir ganz tief zu, damit die andere Person ihr Leiden ausdrücken kann und sich so ihre inneren Spannungen auflösen. Würden wir ihr antworten oder sie verbessern, trüge die Übung keine Früchte. Wir hören nur zu. Einige Tage später können wir ihr, falls nötig, ruhig und in privatem Rahmen sagen, dass ihre Wahrnehmung nicht richtig war. Bei der nächsten Neubeginn-Sitzung wird sie dann vielleicht ihren Irrtum richtigstellen und wir brauchen gar nichts mehr zu sagen. Wir beenden die Übung mit einem Lied oder wir atmen gemeinsam achtsam.

FRIEDENSVERTRAG UND FRIEDENSMITTEILUNG

Sagt jemand, der uns nahesteht, etwas Unfreundliches zu uns und wir fühlen uns verletzt, wird es die Situation meist noch verschlimmern, wenn wir darauf sofort reagieren. Eine andere Möglichkeit ist es, zunächst einmal ein- und auszuatmen, um uns zu beruhigen, und dann, wenn wir ruhig genug sind, zu sagen: »Was du da zu mir gesagt hast, hat mich doch sehr verletzt. Ich möchte es mir genau anschauen und ich möchte auch, dass du es dir ansiehst. Dann könnten wir uns verabreden, es in einigen Tagen gemeinsam anzuschauen.« Es ist gut, wenn *ein* Mensch die Wurzeln unseres Leidens betrachtet; am besten aber ist es, wenn zwei Menschen das gemeinsam tun.

Vielleicht sind wir mit uns selbst im Kriegszustand, schaden unserem Körper durch Drogen und Alkohol. Nun haben wir die Möglichkeit, einen Friedensvertrag mit unserem Körper, mit unseren Gefühlen und Emotionen zu schließen. Sobald wir das getan haben, werden wir mehr Frieden erleben und damit beginnen können, uns auch mit unseren Lieben zu versöhnen. Herrscht in uns Krieg, ist es so einfach, auch ihnen den Krieg zu erklären, von unseren Feinden mal ganz abgesehen. Wenn aber schon die uns Nahestehenden unsere Feinde sind, wie können wir dann je auf Frieden in unseren Beziehungen, in unserem Land und in der Welt hoffen?

Wir alle tragen die Samen der Weisheit in uns. Wir wissen, dass Bestrafen uns nirgendwohin führt und doch sind wir oft darauf aus, gerade das zu tun. Sagt unsere Liebste etwas oder tut sie etwas, das uns leiden lässt, dann wollen wir sie bestrafen, weil wir glauben, wir fühlen uns dann besser. Manchmal ist uns ganz klar, wie kindisch und ignorant das ist, denn wenn wir die uns Nahestehenden leiden lassen, werden auch sie die Hoffnung hegen, sich durch Bestrafung besser zu fühlen. Das alles führt zu einer Eskalation von gegenseitigen Strafaktionen.

Im Friedensvertrag wird der Freitagabend als möglicher Gesprächsabend vorgeschlagen. (Sie können natürlich auch jeden anderen

Abend dafür wählen.) Sie verabreden sich also zum Beispiel für Freitag, denn vorher sind Sie vielleicht noch zu verletzt und ein früherer Gesprächstermin wäre zu risikoreich. Sie würden möglicherweise Dinge sagen, welche die Situation verschlimmerten. Bis zum Freitagabend können Sie nun tief in die Natur Ihres Leidens hineinschauen und auch die andere Person kann dies tun. Vielleicht erkennt einer von Ihnen während der Woche die Wurzel des Problems und ist in der Lage, dies dem anderen mitzuteilen und sich zu entschuldigen. (Vielleicht gelingt dies sogar Ihnen beiden.) Dann können Sie am Freitagabend gemeinsam Tee trinken und sich aneinander erfreuen.

Haben Sie das Leiden bis zum Freitagabend noch nicht zu transformieren vermocht, können Sie die Kunst des Bodhisattva Avalokiteshvara praktizieren: Während die eine Person ihre Verletzung, ihr Leiden ausdrückt, hört die andere tief zu. Wenn Sie sprechen, sprechen Sie von dem, was tief in Ihrem Herzen ist, und Sie sprechen in einer Weise, die vom anderen verstanden und akzeptiert wird. Sie hören dem anderen in dem Bewusstsein zu, dass Ihr Zuhören eine so gute Qualität besitzen muss, dass es dessen Leiden zu lindern vermag. Gelingt es Ihnen, Ihren Konflikt am Freitagabend beizulegen, haben Sie danach noch den Samstag und Sonntag, um Ihr Zusammensein zu genießen.

Der Friedensvertrag und die Friedensmitteilung sind zwei Werkzeuge, die uns helfen, Wut und Verletzungen in unseren Beziehungen zu heilen. Wenn wir den Friedensvertrag unterzeichnen, schließen wir nicht nur mit der anderen Person, sondern auch mit uns selbst Frieden. Der Vertrag ist wirksam, auch wenn nur wir ihn unterzeichnen. Sobald eine Person sich ihm entsprechend verhält, verändert das die Situation sehr. Während Retreats haben wir für die Paare in unseren Zentren spezielle Zeremonien, bei denen der Friedensvertrag vorgelesen wird und Einzelne oder Paare nach vorne kommen, um ihn vor der ganzen Gemeinschaft zu unterschreiben.

Es ist besser, den Friedensvertrag nicht nur zu lesen. Versuchen Sie, ihn vor anderen, vielleicht sogar in Gegenwart Ihrer Familie und Gemeinschaft, zu unterzeichnen. Das festigt Ihr Versprechen und ruft die Gemeinschaft zur Unterstützung auf.*

EINEN LIEBESBRIEF SCHREIBEN

Wenn wir mit einem anderen Menschen Probleme haben, können wir uns für eine Weile zurückziehen und ihm einen Brief schreiben. Wir können diesen Brief sowohl an jemanden schreiben, den wir täglich sehen, als auch, ebenso wirkungsvoll, an jemanden, den wir jahrelang nicht gesehen haben. Für viele Menschen ist es auch sehr hilfreich, Briefe an Familienangehörige zu schreiben, die nicht mehr leben. Versöhnungsarbeit dieser Art ist ein großes Geschenk, das wir uns, den uns Nahestehenden und unseren Vorfahren machen können. Wir versöhnen uns mit den Aspekten unserer inneren Mutter und unseres inneren Vaters; wir vergeben ihnen und nehmen sie so an, wie sie sind. Haben wir uns von ihnen entfremdet, führt das vielleicht dazu, dass wir einen guten Weg zur Versöhnung finden. Es ist nie zu spät, Heilung und Frieden in unsere Familien zu bringen.

Nehmen Sie sich einige Stunden Zeit, einen Brief in liebevoller Sprache zu schreiben. Schauen Sie während des Schreibens tief in die Natur Ihrer Beziehung hinein. Warum ist die Verständigung so schwierig geworden? Warum ist Glück nicht möglich gewesen?

In Ihrem Brief sollten Sie

1. das Leiden des anderen anerkennen;
2. Ihren Anteil am Leiden des anderen eingestehen;
3. den anderen um Hilfe bitten;
4. einräumen, dass Sie nicht glücklich sein können, wenn der andere nicht glücklich ist;

* Den Text des Friedensvertrags und der Friedensmitteilung finden Sie u. a. in Thich Nhat Hanh: *Alles, was du für dein Glück tun kannst*. Freiburg i. Br.: Herder 2010.

5. versprechen, dass Sie aufhören werden, dem anderen Leid zu bereiten.

Einen Liebesbrief schreiben bedeutet nicht, dass Sie nicht die Wahrheit sagen sollten; wir können die ganze Wahrheit sagen, doch in der Sprache liebevoller Güte. Vor dem Schreiben sollten Sie tief in Ihren Geist und den des anderen hineinschauen, um seine Schwierigkeiten und sein Leiden zu erkennen. Wenn wir dem anderen zeigen, dass wir ihn verstehen, wird er unseren Brief gern lesen wollen. Liebesbriefe liest man gerne, nicht aber Hassbriefe. Mit dieser Art der Sprache können wir den uns Nahestehenden all unsere Einsichten und Ideen vermitteln.

Einer meiner Schüler wurde Mönch. Sein Vater war darüber sehr wütend, denn er hatte erwartet, dass der Sohn Arzt werden, viel Geld verdienen und damit die Familie unterstützen würde. Doch der Sohn war der Meinung, dass er als Mönch mehr Menschen helfen könne denn als Arzt. Der Vater war so wütend, dass er auf keinen Telefonanruf und keinen Brief des Sohnes reagierte. Mit meiner Hilfe schrieb der Sohn einen Liebesbrief:

> *»Vater, in meiner Gemeinschaft sagen mir die Brüder immer wieder, dass ich über viele positive Eigenschaften wie Ausdauer, Besonnenheit und liebende Güte verfüge. Anfangs konnte ich das gar nicht glauben, doch da sie es immer wieder sagten, konnte ich schließlich annehmen, dass es wahr ist. Wenn ich tief schaue, kann ich erkennen, dass ich diese Eigenschaften von Dir habe. Wie könnte ich sie ohne Dich haben? Ich bin Dir sehr dankbar, ebenso meiner Mutter und meinen Vorfahren. Wegen all dieser positiven Eigenschaften, die ich von meinen Eltern und Vorfahren habe, schätzen und mögen mich die Brüder in der klösterlichen Gemeinschaft. Ich schreibe Dir diesen Brief, um Dir, meiner Mutter und meinen Vorfahren meine Dankbarkeit auszudrücken. Ich möchte jetzt viel mehr über meine Vorfahren*

wissen. Ich weiß so wenig über meinen Großvater und Urgroßvater. Vater, kannst Du mir mehr über sie erzählen, sodass ich mehr über meine Wurzeln weiß?«

Nachdem der Vater den Brief gelesen hatte, antwortete er mit einem zehnseitigen Brief, und die Kommunikation zwischen Vater und Sohn war wiederhergestellt. Schon ein einziger Brief kann ein Wunder bewirken. Liebevolles Sprechen ist etwas Wundervolles, mit dem man die Herzen der Menschen erreicht, Kommunikation und Harmonie wiederherstellt und Missverständnisse ausräumt. Die Wirkung wird sehr schnell sichtbar.

DER DRITTE SCHRITT: WIR BRINGEN ACHTSAMKEIT IN UNSERE GEMEINSCHAFT

Sobald wir imstande sind, auf uns selbst in der zuvor beschriebenen Weise achtzugeben, und wir den uns Nahestehenden oder Kolleg/innen dabei geholfen haben, dies auch zu tun, können wir damit beginnen, die Praxis des Friedens und der Achtsamkeit in unsere Klasse, unsere Schule und unsere Gemeinschaft zu bringen. Das muss in partnerschaftlicher Zusammenarbeit mit Freunden oder Kolleg/innen geschehen, nicht allein. Mit Achtsamkeit können wir das Leiden unserer Schüler/innen und Kolleg/innen erkennen und uns ihm zuwenden. Wir müssen ihnen tief zuhören und ihnen helfen, einander gut zuzuhören. Durch liebevolles Sprechen und tiefes Zuhören können wir die Kommunikation in der schulischen Gemeinschaft entscheidend verbessern und das hat Auswirkungen auf die Qualität des Lehrens und Lernens. Unser Glücklichsein wird uns dabei unterstützen, die Frucht unseres Lehrens und Lernens mit anderen Gemeinschaften und Institutionen auf dem Gebiet der Erziehung zu teilen. Nur wenn wir Achtsamkeit in unsere Gemeinschaft des Lehrens und Lernens bringen

können, vermögen wir, im nächsten, dem vierten Schritt, das gesamte Erziehungssystem zu verändern.
Im schulischen Bereich bedeutet das, sich als Gemeinschaft von Lehrer/innen zu organisieren. Die Schulleiterin oder der Schulleiter kann dabei eine wichtige Rolle spielen und dafür sorgen, dass es regelmäßige Treffen gibt, bei denen alle voneinander lernen und sich unterstützen. Es ist sehr essenziell, solche Gemeinschaften zu haben, denn durch sie schaffen wir eine Basis für unsere Arbeit, die aus Freiheit, Stabilität und Glück besteht. Wir alle brauchen eine Sangha, die unsere Praxis nährt und lebendig erhält. Täglich brauchen wir die nährenden und heilenden Kräfte aus unserer eigenen Praxis und der unserer Sangha.
Es geht dabei nicht nur um unser eigenes Wohl, sondern um das vieler anderer in unserer Gemeinschaft, die unserer Frische und unserer Stabilität bedürfen. Wir müssen aber unsere Grenzen kennen und sollten nur so viel Arbeit übernehmen, wie wir realistischerweise auch bewältigen können. Selbst wenn viel mehr zu tun wäre, sollten wir uns die Zeit nehmen, die wir brauchen, um uns zu nähren und zu erholen.
Wir müssen auf uns achtgeben, nur so können wir für längere Zeit unsere Arbeit fortsetzen. Manchmal ist das gar nicht so einfach, Grenzen zu setzen, denn die Situation ist vielleicht sehr fordernd, doch wenn Sie sich selbst verlieren, wenn Sie ausbrennen, werden die, die Sie brauchen, darunter zu leiden haben. Die Frage ist nicht, wie viel Sie arbeiten können. Die Frage ist, ob Sie das weiter Tag für Tag tun können.
Ohne die Stabilität und das Glück, die wir durch unsere Praxis erwerben, haben wir nichts anzubieten. Es ist nicht einfach eine Frage des Tuns, des Handelns, es ist eine Frage des *Seins*. Frieden zu sein ist die Basis friedvollen Tuns. *Sind* wir nicht in Frieden, gibt es auch keinen Frieden im Tun.

FRAGE & ANTWORT

Während jedes Retreats bietet Thich Nhat Hanh, oder Thay (Lehrer), wie ihn alle nennen, eine Frage-und-Antwort-Sitzung an, bei der jeder, der will, nach vorne auf die Bühne kommen und ihm eine Frage stellen kann. Kinder und Jugendliche gehen stets als Erste.
Die folgende Frage wurde bei einer dieser Sitzungen von einer Lehrerin gestellt.

Frage: Unsere Schule scheint der Philosophie zu folgen, dass mehr stets besser ist. Obwohl bereits viele wertvolle Programme laufen, werden die Lehrer/innen und Schüler/innen dazu angehalten, noch mehr zu tun. Ich habe den Wert infrage zu stellen versucht, den es hat, sich zu viele an sich lohnenswerte Aufgaben aufzubürden, doch ich habe das Gefühl, dass ich mit meiner Vision von entspannten, friedvollen Alltagserfahrungen alleine stehe. Ich fürchte, dass ich mittlerweile in der Verwaltung als jemand gesehen werde, der sich ständig beschwert und Probleme schafft. Was kann ich tun? Sollte ich weiter in diesem hektischen Tempo arbeiten und stillschweigend dabei zusehen, was wir damit unseren Schüler/innen beibringen oder uns Lehrer/innen damit antun? Ich bin kurz davor, die Schule zu verlassen. Wie kann ich meinem Bemühen um Achtsamkeit treu bleiben, während ich in einer solchen Umgebung arbeite?

Thay: Sie könnten sich überlegen, der Schulleitung einen Liebesbrief zu schreiben. Die Menschen in dieser Funktion haben ihre eigenen Schwierigkeiten, ihr eigenes Leiden, und Ihr Brief sollte damit beginnen, dass Sie deren Schwierigkeiten und Probleme anerkennen. Vielleicht haben Sie die bisher nicht oder zu wenig gesehen. Möglicherweise werden sie von ihren Vorgesetzten selbst mit Erwartungen konfrontiert, die sie dann an Sie weitergeben. Vielleicht nehmen aber auch Sie die Schulleitung falsch wahr. Sie sollten sich nicht zu sicher sein, dass diese keine Probleme und Schwierigkeiten hat oder nicht unter großem Druck steht. Wenn Sie Verständnis für deren Situation aufbringen, werden Sie diesen Liebesbrief ohne Beschuldigungen oder Verurteilungen schreiben können. Drücken Sie all Ihre Einsichten, Ihre Ideen und Ihre Bedürfnisse aus. Vielleicht lassen Sie den Brief von ein oder zwei Kolleg/innen vorab lesen, bevor Sie ihn der Schulleitung übergeben.

Erfahrungen austauschen: Tägliche Achtsamkeit in der Schule

Von Tineke Spruytenburg, Niederlande

Ich unterrichte autistische Sechs- und Siebenjährige. Beruflich ist es die größte Herausforderung, vor der ich jemals stand. Ohne tägliche Achtsamkeitspraxis wäre ich gar nicht imstande dazu! Bevor ich morgens das Haus verlasse, meditiere ich mindestens 20 Minuten. Auf dem Weg zur Schule beobachte ich meinen Geist und bringe ihn, wenn er sich zerstreut, immer wieder zum Körper zurück.

Am herausforderndsten ist es für mich, auf meine Gefühle zu achten, wenn ich mit den Kindern arbeite. Viele unserer Schüler/innen agieren einfach ihre Angst oder Konfusion aus, ohne sich der Konsequenzen bewusst zu sein – so hat mich ein Siebenjähriger einmal so getreten, dass ich zum Arzt musste.

Mittlerweile weiß ich, dass es der emotionale und nicht der physische Schmerz war, der mein Bein so geschwächt hat. Jetzt nehme ich, sofern möglich, eine Auszeit, wenn so etwas passiert. Ich verlasse dann das Klassenzimmer und mache auf dem Flur Gehmeditation oder gehe auf die nächstgelegene Toilette, um dort meinem Atem für einige Minuten zu folgen.

Unsere autistischen Schüler/innen haben tagtäglich mit Angst, mangelndem Verständnis und Konzentrationsproblemen zu tun. Wir üben achtsames Atmen einige Male in der Woche, üblicherweise vor oder nach körperlichen Tätigkeiten im Klassenraum, wie zum Beispiel Yoga. Ich habe den Kindern auch das achtsame Essen nähergebracht, ohne das so zu nennen, weil ich ihnen helfen will, sich auf das Essen zu konzentrieren. Wir essen in Schweigen, auch um allen eine Pause zu geben zwischen all den Informationen und sensorischen Stimuli, die sie während der Unterrichtsstunden aufnehmen. Die meisten Kinder schätzen diese Momente des Rückzugs und der Ruhe, und von daher ist es für sie nicht schwierig zu schweigen, solange ich ein Beispiel dafür gebe. Bin ich abgelenkt oder schaue umher oder mache irgendwas, ist das Schweigen schnell durchbrochen.

Ich habe sie auch das achtsame Gehen gelehrt. Wir müssen einige Minuten gehen, um zu einem unserer Unterrichtsräume zu gelangen. Die Kinder sind dabei sehr schnell abgelenkt von dem, was in ihnen und um sie herum vorgeht. Eines Tages gab ich ihnen folgende Aufgabe: »Ich bitte euch, einmal von hier bis zum Schultor eure ganze Aufmerksamkeit auf die Bewegung eurer Füße zu richten, darauf, wie es sich anfühlt, einen Schritt zu machen, den Fuß aufzusetzen und dann für den nächsten Schritt einen Fuß zu heben. Denkt an nichts anderes; beobachtet nur, wie ihr geht. Wenn ihr angekommen seid, sprechen wir über eure Erfahrungen.« Die ganze Gruppe machte mit. Als wir ankamen, erzählte ein Junge, dass es sehr beruhigend gewesen sei, so, als hätte er etwas mit ganzer Aufmerksamkeit gegessen. Ein Mädchen sagte, dass sie jetzt immer so gehen wolle, wenn es in ihrem Kopf laut würde. Durch solche Momente des Schweigens und der Stille können sich Kinder und Erwachsene regenerieren und eine Gruppenenergie des Zusammenseins und der Konzentration schaffen.

Erfahrungen austauschen: Eine Schul-Sangha aufbauen

Von einem Lehrer aus Deutschland

Als ich 2005 in Plum Village zum ersten Mal etwas von Achtsamkeit erfuhr, spürte ich, dass mir dies in meiner Arbeit als Gymnasiallehrer sehr helfen könnte. Doch wie? Anfangs brachte ich diese Praxis kaum sehr klar und deutlich mit in den Klassenraum.

Doch allmählich veränderte sich die innere Grundlage meiner Arbeit; weg von einem Druck, den Herausforderungen des Berufs gerecht zu werden, hin zu etwas Gesundem und Schönem. Wenn heute die Dinge nicht nach Plan verlaufen, habe ich einen inneren Zufluchtsort und frage mich: »Was wäre jetzt der Weg der Liebe und des Verstehens?« Ich muss nicht kämpfen, andere kontrollieren oder mich über die Fehler anderer beschweren. Das sind kollektive Gewohnheitsenergien, die im Schulsystem sehr stark ausgeprägt sind. Und auch bei mir war dies der Fall. Jetzt aber setze ich mich hin und bespreche meine Erfahrungen mit dem Buddha oder mit der Sangha, kehre zu mir zurück und atme und sage mir, dass alles in Ordnung ist. Ich tue mein Möglichstes und auch ich verdiene Geduld, Liebe und Verstehen. Thay spricht davon, wie wichtig es zur Unterstützung ist, innerhalb des Kollegiums eine Gemeinschaft von Mitübenden zu haben. Obwohl ich anfangs noch sehr zurückhaltend war, mit Leuten aus der Schule über meinen spirituellen Weg zu sprechen, hat mich Thays Empfehlung ermutigt, daraus kein Geheimnis zu machen. Ab und zu habe ich dann erwähnt, dass ich auf einem Retreat oder Sangha-Treffen war. Mit der Zeit merkte ich, dass einige Leute recht interessiert waren, woraufhin ich mehr erzählte und auch davon sprach, wie gut mir die Praxis tue, und ich erlebte nie eine negative Reaktion darauf. Als ich das Gefühl hatte, dass der rechte Zeitpunkt dafür gekommen sei, lud ich sie zu einem lokalen Sangha-Treffen ein. Ohne dass ich viel getan hatte, merkte ich, dass Thays Vorschlag Wirklichkeit geworden war.

In diesem Jahr haben mich drei Kolleg/innen zu einem einwöchigen Kurs für Lehrer/innen am Europäischen Institut für Angewandten Buddhismus in Waldbröl begleitet, und danach begannen wir mit einer Schul-Sangha. Unser gemeinsames Üben sieht folgendermaßen aus:

1. Wir treffen uns alle 14 Tage für eine Stunde und 15 Minuten. Nachdem wir zehn oder 15 Minuten lang meditiert haben, tauschen wir uns darüber aus, wie es uns geht, was uns beschäftigt, berichten von unseren freudvollen Erlebnissen und unseren Schwierigkeiten in der Schule. Am Ende diskutieren wir über die Übungen, die wir uns in den nächsten beiden Wochen vornehmen wollen und über Schul-Sangha-Angelegenheiten. Wir drücken unsere gegenseitige Wertschätzung aus und singen verschiedene Lieder.
2. Wir konzentrieren uns jeden Tag der Woche auf eine andere Praxis: Atmen, Gehen, Essen, Lächeln oder Annehmen. Während des Tages können wir sehen, wie die anderen praktizieren, oder der kurze Blicke eines Kollegen erinnert uns vielleicht daran, zur Übung des Tages zurückzukehren.
3. Auf dem Fensterbrett im Lehrerzimmer steht eine Keramikschale und jeder kann dort kleine Kärtchen mit Gathas oder inspirierenden Worten von Thay hineinlegen. Wann immer wir Sangha-Energie brauchen, nehmen wir uns ein Kärtchen oder geben einer Person, die uns nahesteht, eine.

Eine andere Quelle großer Freude ist unser System des zweiten Körpers (siehe Seite 100). Wir versuchen, unseren zweiten Körper zu unterstützen, indem wir ihm zulächeln, nach ihm fragen, eine Nachricht in sein Fach oder eine Blume auf seinen Tisch legen. Manchmal möchten wir das Empfangene gern weitergeben, sodass die Energie in der ganzen Sangha zirkuliert. Es ist inspirierend zu sehen, wie die Einzelnen immer wieder neue Möglichkeiten ersinnen, die Praxis in unserer Arbeit mit den Schüler/innen anzuwenden. Es ist auch viel einfacher, den Schüler/innen Übungen zu zeigen, wenn wir uns von der Gruppe unterstützt fühlen.

4. Kapitel

Achtsam atmen und der Glocke lauschen

Der Klang der Glocke ist die Stimme des Buddha in uns, denn jeder von uns hat einen inneren Buddha. Der Buddha repräsentiert unsere Fähigkeit, achtsam, mitfühlend und verständnisvoll zu sein. Lauschen wir der Glocke, lauschen wir unserer inneren Stimme des Verstehens und Mitgefühls, die uns nach Hause ruft und uns daran erinnert, mehr in Frieden mit uns und der Welt zu sein. Sind wir abgelenkt, brauchen wir die Stimme des inneren Buddha, die uns zuruft: »Komm nach Hause, komm nach Hause zu dir zurück. Verliere dich nicht in Ärger und Enttäuschung.«

Sind wir lange von unserem wahren Zuhause fort, sehnen wir uns danach, zurückzukehren. In unserem wahren Zuhause fühlen wir uns in Frieden. Wir spüren, dass wir nirgendwo mehr hin müssen, dass wir frei von Problemen sind. Wir können uns entspannen und wir selbst sein. Es ist wundervoll, so zu sein, wie wir sind. Sie sind bereits das, was Sie gern werden wollen. Sie brauchen niemand und nichts anderes zu sein. Betrachten Sie einen Apfelbaum. Für ihn ist es großartig, einfach nur ein Apfelbaum zu sein. Er muss nichts anderes werden. Es ist wunderbar, dass ich ich bin und Sie Sie sind. Wir müssen einfach nur zulassen, wir selbst zu sein und uns daran zu erfreuen. Dieses Gefühl, diese Erkenntnis ist unser wahres Zuhause. Ein solches trägt jeder von uns in sich. Unser wahres Zuhause spricht Tag und Nacht zu uns mit einer ganz klaren Stimme. Es sendet uns Wellen der Liebe und der Fürsorge, doch erreichen uns diese oft nicht, weil wir so geschäftig sind. Wenn wir den Klang der Glocke hören, lassen wir alles los – unser Sprechen, Denken, Spielen, Beisammensein mit Freunden – und kehren in unser wahres Zuhause zurück.

Wenn wir dem Klang der Glocke lauschen, sprechen wir nicht, denken wir nicht oder tun wir nichts, weil wir der Stimme eines Menschen lauschen, den wir sehr lieben und respektieren. Stehen Sie dann einfach still da und lauschen Sie mit ganzem Herzen. Bei drei Klängen lauschen und atmen Sie voller Aufmerksamkeit die ganze Zeit über. Während Sie sich konzentrieren, können Sie sich selbst sagen: »Einatmend geht es mir gut. Ausatmend fühle ich mich glücklich.« Welchen Sinn sollte das bewusste Atmen und Üben haben, wenn nicht den, uns glücklich zu machen. Unser tiefstes Verlangen ist doch, glücklich zu sein und andere Menschen und Wesen glücklich zu machen.

ATMEN MIT DER ACHTSAMKEITSGLOCKE

Materialien: kleine Glocke, Einlader

Wenn Sie diese Übungen mit kleineren Kindern durchführen, ist es sinnvoll, sich ein oder zwei Aktivitäten pro Sitzung auszusuchen. Vielleicht eine zu Beginn und eine am Ende. Sie können aber auch in den ersten fünf oder zehn Minuten jeder Sitzung eine jeweils andere Atem- oder Glocken-Übung vorstellen.

INNEHALTEN MIT DER GLOCKE

In den ersten Sitzungen während eines Retreats oder in der Schule stellen wir den Kindern oft vor, wie sie der Glocke lauschen und sie einladen können. Wir halten die kleine Glocke in die Höhe und fragen:

Wisst ihr, was das ist? Hat einer von euch so etwas zu Hause? Was tun wir, wenn wir den Klang der Glocke hören?
Der Klang der Glocke ist die Stimme des Buddha oder die Stimme von jemandem, der uns sehr liebt und uns glücklich und friedvoll sehen möchte. * *Wenn wir den Klang der Glocke hören, hören wir auf mit dem, was wir gerade tun oder sagen, und atmen einfach. Das gibt uns die Möglichkeit, uns auszuruhen, eine kleine Pause zu machen und uns an uns zu freuen. Mit unserer Aufmerksamkeit sind wir ganz beim Einatmen und Ausatmen.*

Laden Sie die Glocke einige Male ein, um das miteinander zu üben.

Jetzt wollen wir damit beginnen. Ihr könnt im Raum umhergehen oder euch bewegen, und wenn ihr die Glocke hört, bleiben wir stehen und atmen dreimal. Danach bewegen wir uns wieder, stoppen und atmen dann aber jedes Mal, wenn wir die Glocke wieder hören.

---

* Sie können natürlich auch, statt auf den Buddha zu verweisen, von der »Energie des Verstehens und Mitgefühls« oder der »bedingungslosen Liebe« oder unserer »wahren Natur, unserer wahren Güte« sprechen oder von »Gott«, »Jesus« oder »Allah«, wenn Ihnen das mehr zusagt.

DAS EIN- UND AUSATMEN IDENTIFIZIEREN

Um wirklich euren Atem kennenzulernen, könnt ihr einen Finger waagerecht unter eure Nase halten, um euren Ausatem zu spüren. Wie fühlt er sich an? Warm, feucht? Könnt ihr ihn spüren? Wie fühlt sich der Einatem an? Kühl? Wir atmen ständig, doch sind wir uns dessen meistens gar nicht bewusst, weil wir es für selbstverständlich halten. Doch das Atmen ist so wichtig! Was würde sein, wenn wir nicht mehr atmen könnten?

Legt eure Hand jetzt mal auf den Bauch. Was passiert, wenn ihr einatmet und wenn ihr ausatmet?

[Unser Bauch wächst, wenn wir einatmen, und er wird kleiner, wenn wir ausatmen.]

Spürt für einige Minuten still den Rhythmus des Atems. Wie ist das, wenn ihr nur eurem Atem Aufmerksamkeit schenkt?

[Friedlicher und ruhiger.]

Meinen Atem zu bemerken hat mir in schwierigen Momenten geholfen (wenn möglich, geben Sie ein Beispiel). *Bewusst atmen, so wie wir das jetzt getan haben, kann euch helfen, Ruhe zu finden, wenn ihr aufgeregt oder nervös seid, und es kann euch auch helfen, euch in den Unterrichtsstunden und bei einem Test oder einer Klassenarbeit besser zu konzentrieren. Jedes Mal, wenn wir uns unseres Atems bewusst werden, verbessert sich das, was wir in dem Moment gerade erleben: Sind wir glücklich, werden wir noch glücklicher; und leiden wir, so hilft uns das achtsame Atmen, weniger zu leiden, uns zu beruhigen und die Dinge klarer zu sehen.*

SICH DER LÄNGE DES EINATMENS UND AUSATMENS BEWUSST SEIN

Lasst uns nun darauf achten, wie viele Sekunden unser Einatmen dauert und wie viele Sekunden unser Ausatmen. Es gibt da keine richtige Anzahl von Sekunden. Jeder von uns atmet entsprechend der eigenen Lungenkapazität, und unser Atem soll ganz natürlich ein- und ausströmen. Vielleicht ist unser Ausatmen etwas länger als unser Einatmen. Das ist vollkommen in Ordnung. Versucht beim Ausatmen, die ganze Luft aus den Lungen auszuatmen, und lasst euer Ausatmen etwas länger werden. Aber erzwingt nichts. Es sollte angenehm für euch sein. Wenn es euch Spaß macht, das Ausatmen zu verlängern, so könnt ihr es auch einmal beim Einatmen probieren. Wie fühlt es sich an, länger einzuatmen und auszuatmen?

Sie können eine Uhr mit Sekundenzeiger aufstellen, sodass die Kinder ihr Ein- und Ausatmen messen können. Sie können das dann jeweils den anderen mitteilen oder die Sekundenzahl auf ein Stück Papier oder vorne an die Tafel schreiben.

DEN ATEM MIT DER GLOCKE ZÄHLEN

Lasst uns jetzt den Atem noch etwas verlängern. Zählt eure Atemzüge einmal. Wir wollen zählen, wie viele Atemzüge wir machen, während die Glocke erklingt. Ich werde die Glocke jetzt einladen zu erklingen und ihr könnt jeden Ausatem zählen, so lange, bis ihr die Glocke nicht mehr hören könnt. Dann hebt die Hand. Vielleicht ist es für euch einfacher, wenn ihr die Augen dabei zumacht, aber ihr könnt sie auch offen halten.

Wecken Sie die Glocke auf und laden Sie einen Klang ein. Wenn dieser vollkommen verklungen ist, sagen Sie:

Zeigt mir mit euren Fingern, wievielmal ihr ausgeatmet habt während dieses Glockenklangs. Es gibt keine richtige Zahl, jeder von uns atmet unterschiedlich. Nun können wir mal ausprobieren, ob wir bei jedem Ausatmen zählen können, bis wir bei zehn angelangt sind. Atmet ein und wenn ihr ausatmet, zählt ihr eins, zwei usw. Zählt nur beim Ausatmen.

Wenn die Kinder damit zu Ende gekommen sind, fragen Sie:

Ist es einfach oder schwierig, zehn Atemzüge lang ganz aufmerksam für den Atem zu sein? Habt ihr euch ablenken lassen und vergessen, wo ihr mit dem Zählen wart? Es ist in Ordnung, abgelenkt zu sein. Wenn ihr bemerkt, dass ihr das Zählen vergessen habt, macht das nichts. Fangt einfach wieder von vorne an. Lasst es uns nun noch einmal probieren.

GATHA ZUM HÖREN DER GLOCKE

Es gibt ein Gatha oder ein kurzes Gedicht zum Hören der Glocke:

Einatmend sagen wir: »Höre, höre.«
Ausatmend sagen wir: »Dieser wundervolle Klang bringt mich zurück zu meinem wahren Zuhause.«

Ich werde die Glocke einladen und dann werden wir diesen Vers dreimal laut zusammen sprechen.

Es hilft den Kindern, damit vertraut zu werden, diesen Vers für sich zu sagen, wenn sie nach jedem Glockenklang dreimal ein- und ausatmen.

Was ist unser wahres Zuhause? Wir alle haben in uns einen wunderschönen, sicheren Ort, an den wir uns immer begeben können; es ist ein Ort voller Frieden. Unser Atmen ist die Brücke, die uns zu diesem Ort bringt. Darum ist die Glocke auch so wichtig, denn sie hilft uns, zu atmen und zu diesem wahren Zuhause zurückzukehren, dieser Insel des Friedens und der Klarheit in uns. Wann habt ihr es erlebt, in eurem wahren Zuhause zu sein? Wann fühlt ihr euch friedvoll, ruhig und klar? Was außer der Glocke kann euch helfen, zu eurem wahren Zuhause zurückzukehren?

Die Kinder können diesen Vers auch aufschreiben und mit (selbst gemalten) Bildern schmücken, die zeigen, wie sie sich ihr wahres Zuhause vorstellen. Oder Sie nehmen ein großes Poster, auf dem das Gatha steht, und die Kinder verzieren es mit Bildern ihres wahren Zuhauses. Hängen Sie das Poster auf oder die Zeichnungen der Kinder zum Gatha, dann können sie sich stets an diese Übung erinnern, wenn sie die Glocke hören.

DIE GLOCKE EINLADEN

Gibt es in der Gruppe Kinder, die bereits wissen, wie man eine Glocke einlädt, so können Sie sie ermutigen, den anderen zu zeigen, wie das geht. Bitten Sie die Kinder, sich aufrecht hinzusetzen, so anmutig wie ein Buddha. Sie können auf einem Stuhl sitzen oder auf dem Boden mit verschränkten Beinen oder kniend. Der Rücken sollte aufgerichtet und entspannt sein.

Wir laden die Glocke nur ein, wenn wir ruhig und friedvoll sind, denn der Klang der Glocke spiegelt unseren Geist wider. Wir können ande-

ren nur dann helfen, friedlich zu sein, wenn wir selbst auch friedlich sind. Wir können diesen Vers sprechen, bevor wir die Glocke einladen. Sagt beim Einatmen still zu euch:

Körper, Rede und Geist in vollkommener Einheit.

Das bedeutet, ihr seid konzentriert.
Sprecht beim Ausatmen die zweite Zeile:

Schicke ich mein Herz mit dem Klang der Glocke.

Das bedeutet, ihr schickt eure Liebe in die Welt.
Sprecht beim nächsten Einatmen:

Mögen alle, die diesen Klang hören, aus der Unachtsamkeit erwachen …

Unachtsamkeit ist das Gegenteil von Achtsamkeit, und der Klang der Glocke hilft uns, achtsam zu sein. Hören wir die Stimme des Buddha, kehren wir zurück zum gegenwärtigen Moment. Sprecht bei eurem nächsten Ausatmen:

… und ihre Ängste und Sorgen überwinden.

Es ist in Ordnung, solltet ihr das Gatha vergessen haben, wenn ihr die Glocke erklingen lasst, doch tut eurer Bestes, euch daran zu erinnern.

Sie können die Kinder auch eine andere Version des Gedichts lehren:

Einatmend: Ich bin wirklich hier, mit meinem Geist und mit meinem Körper.
Ausatmend: Ich möchte, dass der Klang der Glocke anderen hilft, ruhig und glücklich zu sein.

Oder eine noch einfachere Fassung:

Ich atme ein und bin ruhig.
Ich atme aus und lächle.

Wenn Sie die kürzere Variante wählen, wiederholen Sie sie zweimal. Es ist gut, wenn die Kinder mindestens zweimal ein- und ausatmen, bevor sie die Glocke in die Hand nehmen. Wenn Sie genug Zeit haben, können Sie die Kinder auch auffordern, ihre eigenen kurzen Gedichte zum Hören und Einladen der Glocke zu verfassen und diese dann zu verwenden, wenn sie der Glocke lauschen oder sie einladen.

Wenn ihr ein- und ausatmet, während ihr das Gedicht sprecht, vereinen sich euer Geist und euer Körper. Ihr seid konzentriert und ihr habt den schönen Wunsch, dass jeder, der diese Glocke hört, ohne Sorgen, Wut oder Angst ist und sein Atmen und Lächeln genießt. Atmet ihr zweimal ein und aus während des Verses, dürft ihr euch bereits Glockenmeister oder Glockenmeisterin nennen. Ihr habt genügend Frieden, Ruhe und Konzentration dafür. Auch wenn ihr noch sehr jung seid, vielleicht erst sechs oder sieben Jahre alt, könnt ihr ein guter Glockenmeister, eine gute Glockenmeisterin sein.
Wir sprechen davon, »die Glocke einzuladen zu erklingen«, nicht davon, sie »zu schlagen« oder »anzuschlagen«, und das Holz, mit dem wir die Glocke einladen, nennen wir »den Einlader«, denn wir behandeln die Glocke stets mit Respekt, da wir wissen, dass sie vielen Menschen helfen kann. Dann legen wir unsere Handflächen zusammen und verbeugen uns, um der Glocke unseren Respekt zu erweisen und auch, um die Einheit von Körper und Geist zu zeigen. Wir nehmen dann die Glocke und legen sie auf eine flach ausgestreckte Handfläche. Mit der anderen Hand nehmen wir den »Einlader« und wecken die Glocke auf. Das tun wir, um die anderen wissen zu lassen, dass bald ein voller Glockenklang ertönen wird und dass sie nun innehalten und sich am Klang der Glocke erfreuen können, ohne davon über-

rascht zu werden. Nach diesem Aufwach-Klang, atmen wir einmal ein und aus und laden dann die Glocke zu einem vollen Klang ein. Das gibt allen die Möglichkeit, mit dem aufzuhören, was sie gerade tun, und innezuhalten. Der volle Klang sollte kraftvoll und klar sein. Haben wir aus Versehen die Glocke zu sanft eingeladen, können wir sofort danach einen kraftvolleren Klang einladen. Dann genießen wir drei Atemzüge. Wir stellen die Glocke wieder hin und verbeugen uns.

Bitten Sie jedes Kind, die Glocke einmal einzuladen. Die Kinder mögen das und sie sind oft sehr ruhig, wenn sie dreimal atmen, während ein anderes Kind die Glocke einlädt. Oft vergessen sie, die Glocke aufzuwecken, und Sie müssen sie daran erinnern. Manchmal sind sie arg nervös und schaffen es nicht, die Glocke richtig einzuladen. Ermutigen Sie die Kinder, es erneut zu versuchen. Sie können auch gemeinsam darüber sprechen, wie sich die Einzelnen gefühlt haben, als sie die Glocke eingeladen haben. Weisen Sie darauf hin, dass Erwachsene langsamer atmen als Kinder und die Kinder, wenn sie die Glocke für Erwachsene einladen, noch einige Sekunden dazugeben sollten. Auf diese Weise haben auch die Erwachsenen Zeit, dreimal ein- und auszuatmen.

Haben die Kinder erst einmal gelernt, wie sie die Glocke einladen, ist es möglich, sie darum zu bitten, dies zu Beginn und am Ende jeder Sitzung zu tun. Erinnern Sie sie daran, dass sie ruhig und gesammelt sein und zweimal ein- und ausatmen sollten, bevor sie die Glocke einladen. Ermutigen Sie die Kinder auch, bei sich zu Hause eine Glocke zu nutzen und sie immer dann einzuladen, wenn die Stimmung in der Familie angespannt, ärgerlich oder zerstreut ist. Auf diese Weise werden auch die Eltern und Geschwister an das Atmen erinnert. Viele Kinder verwenden eine Glocke bereits auf diese Weise.

Auch viele Lehrerinnen und Lehrer nutzen die Glocke sehr erfolgreich im Klassenzimmer. Die Kinder können die Glocke abwechselnd während der Schulstunde einladen, wenn die Atmosphäre in der Klasse nicht sehr friedvoll ist. Haben Sie keine Glocke, können Sie auch andere Klänge verwenden. In einigen Klassen klatscht ein Kind jede 15 Minuten in die Hände und alle anderen halten inne und kehren zu ihrem Atmen zurück. Vielleicht haben auch die Schülerinnen und Schüler Vorschläge zu möglichen Klängen, die sie mögen.

UNSERER BUDDHA-NATUR ZUHÖREN

Wisst ihr, dass der Buddha uns ruft? Heute wollen wir horchen, um den Ruf des Buddha zu hören. Ich glaube, er ruft uns jetzt.

Rezitieren Sie laut den Vers zur Einladung der Glocke und laden Sie einen Klang ein.

Hört ihr, wie der Buddha uns ruft? Wenn wir eine Glocke hören, hören wir, wie der Buddha uns ruft! Darum halten wir inne in dem, womit wir gerade beschäftigt sind, und zeigen dem Buddha in der Glocke unseren Respekt. Wir bewegen uns nicht mehr. Wir denken nicht mehr. Wir reden nicht mehr, sondern lauschen dem wunderbaren Klang des Buddha. Das ist kein Buddha aus längst vergangenen Zeiten, der uns da ruft; es ist der Buddha in uns, unsere Buddha-Natur. Wir lächeln, wenn wir seinen Ruf hören. Wir atmen ein und wir sagen zu dem Buddha in uns – zu unserer Buddha-Natur: »Ich höre, ich höre.« Dann atmen wir aus und sagen zu unserer Buddha-Natur: »Dieser wundervolle Klang bringt uns zurück zu meinem wahren, ruhigen und liebevollen Selbst.«

Manchmal ist der Buddha eine Glocke. Manchmal ist er auch ein singender Vogel. Manchmal ist der Buddha ein weinendes Baby oder ein Telefonklingelton. Es gibt vielleicht noch andere Geräusche und Klänge, durch die ihr euch friedvoll und glücklich fühlt. Fallen euch welche ein, die der Buddha in euch vielleicht verwendet, damit ihr euch an eure Buddha-Natur erinnert?

[Die Stimme meines Vaters, wenn er mich ruft; Lachen; ein Wecker; Donner; Wind in den Bäumen; ein krähender Hahn; das Plätschern von

Wasser; ein Flugzeug, das über unser Haus fliegt; meine Katze, die miaut.]
Auch das sind Stimmen des Buddha, der Klang des Erwachens, und diese Klänge können uns helfen, zu unserem inneren Ort der Ruhe und des Friedens zurückzukehren.
Welche unterschiedlichen Klänge oder Geräusche hören wir während des Tages und wie fühlen wir uns dabei? Welche Klänge könnten euch helfen, euch wieder dem Atmen zuzuwenden? Auf welch andere Weise als durch Klänge könnte der Buddha in euch versuchen, euch zu rufen? Dinge, die ihr seht oder riecht oder berührt und die euch daran erinnern, zu eurer Buddha-Natur zurückzukehren?
[Ein Sonnenuntergang; wenn ich ein Spielzeug wiederfinde; ein Schmetterling; ein heftiger Wind; eine Blume; Essen kochen; meine Katze, die auf meinem Schoß liegt; mein Hund, der mit dem Schwanz wedelt; mein liebstes Stofftier.]
Warum glaubt ihr, möchte der Buddha in euch, eure Buddha-Natur, von euch beachtet werden?
[Um mich daran zu erinnern, glücklich zu sein. Um mich daran zu erinnern, dass ich die Person, mit der ich zusammen bin, mag. Um mich daran zu erinnern, freundlich zu sein.]
Es ist wundervoll, wo immer ihr seid, zu lauschen, ob ihr den Ruf des Buddha hört, oder nach ihm Ausschau zu halten oder ihn zu riechen oder zu fühlen.

5. Kapitel

Ich bin frei: Meditation

Kieselstein-Meditation

Einatmend sehe ich mich selbst als Blume.
Ausatmend fühle ich mich frisch.

Einatmend sehe ich mich selbst als Berg.
Ausatmend fühle ich mich fest.

Einatmend sehe ich mich selbst als stilles Wasser.
Ausatmend spiegle ich die Dinge, wie sie sind.

Einatmend sehe ich mich selbst als Raum.
Ausatmend fühle ich mich frei.

Vor vielen Jahren habe ich im kalifornischen Santa Barbara ein Retreat für Kinder durchgeführt. Hunderte Kinder kamen dorthin, ebenso wie ihre Eltern, die zu ihrer Unterstützung da waren. Bei diesem Retreat entdeckten wir die Kieselstein-Meditation.

KIESELSTEIN-MEDITATION

Ihr könnt die Kieselstein-Meditation am Fuße eines Baumes, im Wohnzimmer, oder wo immer ihr einen ruhigen Platz findet, durchführen. Ihr braucht dazu eine kleine Glocke. Wählt jemanden, der die Kieselstein-Meditation leiten soll. Dieser sollte wissen, wie er die Glocke einlädt, damit sie erklingt.
Jeder von euch kann sich vier Kieselsteine suchen. Vielleicht macht ihr euch ein kleines Täschchen, um sie darin aufzubewahren. Mit euren Freundinnen und Freunden oder eurer Familie könnt ihr euch für eine Sitzmeditation zusammentun. Seid ihr nur unter Kindern, mögt ihr vielleicht ein oder zwei Erwachsene einladen, die bei der Kieselstein-Meditation mit dabei sind.
Setzt euch in einen Kreis und stellt eine Blume in die Mitte. Nachdem ihr euch vor der Blume verbeugt habt, setzt ihr euch in einer für euch bequemen Haltung hin.
Legt die vier Kieselsteine an eure linke Seite.

Nehmt nun den ***ersten Stein****, betrachtet ihn und legt ihn dann in eure Handfläche. Ihr könnt diese Hand in die Handfläche der anderen legen und dort ruhen lassen.*
Der erste Stein steht für eine Blume.

> *»Einatmend sehe ich mich selbst als Blume.*
> *Ausatmend fühle ich mich frisch. Blume, frisch.«*

Atmet dreimal und sprecht »Blume« bei jedem Einatmen und »frisch« bei jedem Ausatmen. Ihr seht euch in diesem Moment wirklich als Blume; es ist nichts bloß Ausgedachtes. Während ihr einatmet, seht ihr euch als frische, schöne Blume. Wir alle sind eine Art Blume im Garten der Menschheit. Jeder von uns ist eine Blume. Als Menschen können wir sehr frisch und schön sein. Jeder von uns hat diese Blumenhaftig-

keit, die uns frisch, hübsch, angenehm und liebenswert macht. Mit dieser Frische und Schönheit haben wir anderen Menschen und der Welt viel zu geben.
Wenn ich ein Kind betrachte, sehe ich es immer als eine Blume. Sein Gesicht ist wirklich eine Blume. Seine Augen sind eine Blume, ebenso seine Hände und seine kleinen Füße. Spielt ein Kind, so spielt tatsächlich eine Blume. Die Blume ist schön, wenn das Kind wach ist, aber genauso schön ist sie, wenn es schläft. Wir können sehen, dass alle Kinder Blumen sind, und wir möchten so gern, dass sie dies das ganze Leben lang bleiben. Die Meditation kann uns helfen, unsere Frische, unsere Blumenhaftigkeit zu bewahren. Erwachsene haben sie vielfach verloren. Sie haben so viel geweint und gelitten. Wenn ein Mensch wütend, ärgerlich und gemein ist, dann ist er überhaupt nicht frisch und vorzeigbar.
Eine Möglichkeit, unsere Frische wiederherzustellen, ist zu üben: »Einatmend sehe ich mich selbst als Blume.« Das stelle ich mir nicht einfach nur vor. Ich war ursprünglich eine Blume und der Samen der Blumenhaftigkeit ist immer noch in mir. Ich wurde als Blume geboren und ich möchte mein Leben lang eine Blume bleiben. Ich bin jetzt alt, doch ich tue mein Möglichstes, um frisch zu bleiben. Viele Kinder sitzen gern in meiner Nähe, da ich weiß, wie ich meine Frische, meine Blumenhaftigkeit wahren kann. Während der vier oder fünf Sekunden eures Ein- und Ausatmens könnt ihr eine Menge tun für eure Blumenhaftigkeit – durch euer Atmen, Lächeln und Entspannen. Lächeln ist etwas sehr Einfaches. Es kostet nicht viel Zeit und in nur ein oder zwei Sekunden könnt ihr Hunderte von Muskeln in eurem Gesicht entspannen. Wodurch wisst ihr, ob eure Meditation erfolgreich war oder nicht? Ihr seid erfolgreich, wenn ihr euch dabei als Blume sehen könnt und frisch fühlt. Das ist die Übung mit dem ersten Stein. Legt ihn dann rechts neben euch.

Nehmt nun den ***zweiten Stein****. Er steht für Berg.*

»Einatmend sehe ich mich selbst als Berg.
Ausatmend fühle ich mich fest. Berg, fest.«

Sagt dies zu euch, während ihr dreimal ein- und ausatmet.
Ob ihr es glaubt oder nicht, in jedem von euch gibt es einen Berg. Ihr sitzt in einer stabilen Haltung mit einem aufrechten, aber entspannten Rücken und fühlt euch ganz stabil und fest. Die beste Haltung dafür ist der volle oder halbe Lotossitz. Beim vollen Lotossitz sind eure Beine so verschränkt, dass beide Füße auf den Oberschenkeln des jeweils anderen Beines liegen. Beim halben Lotossitz liegt ein Fuß auf dem Oberschenkel des anderen Beines, der andere auf dem Boden. Selbst wenn euch dann jemand anstößt oder provoziert, bleibt ihr fest und werdet nicht von eurer Wut, eurer Angst, euren Sorgen oder eurer Verzweiflung davongetragen. Ihr bleibt einfach ganz ruhig und niemand kann euch mehr Angst einjagen. Das ist sehr wichtig für unser Glück. Sind wir stabil und fest, können wir glücklich sein und andere können sich auf uns verlassen. Jemand, der das nicht ist, kann kein glücklicher Mensch sein.
Legt jetzt auch diesen Stein an eure rechte Seite.

*Der **dritte Stein** steht für stilles Wasser.*

»Einatmend sehe ich mich selbst als stilles Wasser.
Ausatmend spiegle ich die Dinge, wie sie sind.
Stilles Wasser, spiegeln.«

Ist die Oberfläche eines Sees ganz ruhig, kann man Berge, Wolken und Bäume ganz deutlich erkennen. Ihr könnt den See fotografieren und es ist so, als hättet ihr den Himmel, die Bäume und Berge aufgenommen.
Seid ihr ruhig, seid ihr still, seht ihr die Dinge, wie sie wirklich sind. Ihr verfälscht nichts und werdet auch nicht Opfer falscher Wahrnehmungen, was Angst, Wut und Verzweiflung mit sich bringen kann. Seid ihr

nicht ruhig, dann nehmt ihr die Dinge oft falsch wahr und seid durcheinander, ihr missversteht andere und auch euch selbst. Ihr macht viele Fehler und schafft so viel Leid für euch und andere. Seid ihr ruhig und friedvoll, wird eure Wahrnehmung richtiger sein.
Mit dem dritten Stein kümmern wir uns um Stille und Ruhe. Jeder Mensch sollte über genügend Ruhe, Gelassenheit und Stille verfügen, um wirklich glücklich zu sein, und dafür brauchen wir den dritten Stein: stilles Wasser. Tagtäglich sollten wir üben »Stilles Wasser, spiegeln«, um Körper und Geist zu beruhigen.
Legt nun den dritten Stein auf eure rechte Seite.

*Der **vierte Stein** steht für Raum und Freiheit.*

> *»Einatmend sehe ich mich selbst als Raum.*
> *Ausatmend fühle ich mich frei.*
> *Raum, frei.«*

Raum ist Freiheit und Freiheit ist die Grundlage für wahres Glücklichsein. Ohne Freiheit ist unser Glück nicht vollständig. Doch was bedeutet Freiheit? Freiheit wovon? Freiheit von Angst, von Wut, von Sorgen. Der Buddha ist vollkommen frei. Von daher ist er auch so glücklich. Beim Einatmen vergrößern wir unseren Raum. Beim Ausatmen vergrößern wir den Raum bei denen, die wir lieben.
Wir alle brauchen Raum in uns und um uns herum, um glücklich zu sein. Von daher ist es so wichtig, dass ihr wisst, wie ihr euch selbst als Raum sehen und erleben könnt.
Das war die letzte Übung. Legt den vierten Stein wieder rechts neben euch.

Die Kieselstein-Meditation ist für Kinder und für Erwachsene hilfreich, weil wir dadurch mehr Frische, Stabilität, Stille und Freiheit entwickeln können. Man kann sie fast überall problemlos und mit Freude durchführen.

Ich tue mein Möglichstes, um das Schönste, was ich habe, an meine spirituellen Kinder und deren Kinder weiterzugeben.*

Weitere Übungen mit der Kieselstein-Meditation

KIESELSTEIN-MEDITATION MIT ZEICHNUNGEN

Materialien: Glocke und Einlader, ein doppelt gefaltetes Stück Papier, vier Steine für jedes Kind, Filzstifte, Buntstifte, Kreiden, Pastellfarben oder Wasserfarben
Anmerkung: Die Steine können Sie mitbringen oder Sie bitten die Kinder, welche zu sammeln.

Kinder können diese Meditation sehr gut füreinander anleiten und es gefällt ihnen meist, die Glocke einzuladen. Entweder leitet ein Kind die gesamte Meditation oder vier Kinder leiten durch die verschiedenen Teile der Meditation. Sie können diese Übung in ein, zwei oder mehr Sitzungen einführen, abhängig von Ihren zeitlichen Möglichkeiten und der Energie der Kinder. Vielleicht haben Sie sogar vier Tage Zeit, um die Kieselstein-Meditation vorzustellen, dann nehmen Sie für

* Sie können die Kieselstein-Meditation auch in einer Variante einführen, die auf den sechs Paramitas oder Vollkommenheiten beruht (Großzügigkeit, Achtsamkeitsübungen, entschlossenes Bemühen, Annehmen und Einbeziehen, Meditation, Verstehen) oder auf den Drei Juwelen (Buddha, Dharma und Sangha) oder auf den Vier Unermesslichen (Liebe, Mitgefühl, Freude und Annehmen und Einbeziehen). Oder die Steine stehen für unsere Nächsten wie Mutter, Vater, Geschwister, Großeltern. Halten wir den jeweiligen Stein in der Hand, können wir, während wir dreimal atmen, diesem Menschen unsere Liebe schicken.

jeden Stein eine Sitzung. Sie können auch jede Unterrichtsstunde oder den Schultag mit einer fünf- bis zehnminütigen Kieselstein-Meditation beginnen und enden lassen.

Lasst uns nun mit der Glocke dreimal ein- und ausatmen.

Wecken Sie die Glocke auf und laden Sie sie dreimal ein. Lassen Sie genügend Pause zwischen den Glockenklängen.

Nehmt jetzt eure vier Steine und legt sie auf die linke Seite. Faltet nun das Papier auseinander. Ihr werdet gleich in jeden der vier Teile etwas malen. Malt in ein Viertel eine Blume, welche auch immer. Atmet achtsam während des Malens.

Nachdem die Kinder ihre Blume gemalt haben, sagen Sie:

Blume steht für unsere Frische. Wir alle sind in der Lage, frisch zu sein. Sind wir das gerade nicht, atmen wir ein und aus, um wieder frisch zu werden. Ihr seid eine Blume und ihr habt alle eine Blumenhaftigkeit. Jedes Mal, wenn wir wieder blumenhaft werden, sind wir schön.
Nehmt jetzt mit zwei Fingern einen der Steine und legt ihn in eure linke Hand. Schaut ihn an mit frischen Augen. Der Stein steht für Blume. Legt eure linke Hand in die rechte und beginnt nun mit dem ersten Stein.

> *»Einatmend sehe ich mich selbst als Blume.*
> *Ausatmend bin ich schön, genauso wie ich bin,*
> *und ich bin frisch.*
> *Blume, frisch.«*

Wiederholt ganz sanft diese beiden Schlüsselworte, während ihr dreimal ein- und ausatmet. Jedes Mal, wenn ihr die Worte sprecht, erneuert ihr eure Blumenhaftigkeit und ihr werdet frisch und energiegela-

den. Nach drei Atemzügen schaut ihr den Stein an, lächelt ihm zu und legt ihn dann auf den Boden rechts neben euch.

Nun zeichnet in das zweite Viertel des Blattes einen Berg. Lächelt dabei und atmet achtsam ein und aus.

Nachdem die Kinder ihren Berg gemalt haben, sagen Sie:

Berg steht für Stabilität und Festigkeit. In euch gibt es einen Berg, denn wenn ihr euch im Sitzen und Gehen übt, dann wächst eure Fähigkeit, stabil, fest und stark zu sein. Das ist für unser Glücklichsein sehr wichtig. Wenn wir wissen, wie wir achtsam gehen, wie wir achtsam sitzen, dann fördern wir damit unsere Stärke und Stabilität. Das ist der Berg in uns.
Jetzt nehmt den zweiten Stein und betrachtet ihn. Er steht für Berg. Legt ihn in die rechte Hand, lasst diese dann in eurer linken ruhen und übt nun mit dem zweiten Stein.

> *»Einatmend sehe ich mich selbst als Berg.*
> *Ausatmend bin ich konzentriert,*
> *niemand kann mich stören.*
> *Ich fühle mich fest.*
> *Berg, fest.«*

Wiederholt ganz sanft diese beiden Schlüsselworte, während ihr dreimal ein- und ausatmet. In euch ist ein Berg. Ihr könnt stark, fest und stabil sein. Legt dann diesen Stein rechts neben euch auf den Boden. Und nun zeichnet stilles Wasser, vielleicht in Form eines Sees. Lächelt dabei und atmet achtsam ein und aus.

Nachdem die Kinder stilles Wasser gemalt haben, sagen Sie:

Im stillen Wasser spiegeln sich Himmel, Wolken und Berge. Stilles Wasser ist schön, es spiegelt die Dinge, wie sie sind, ohne sie zu verzerren. Wenn wir lernen, achtsam ein- und auszuatmen, können wir uns selbst beruhigen. Wir werden ruhig und klar und sehen die Dinge nicht länger falsch. Wir können sehr klar sein, und das ist das stille Wasser in uns.
Jetzt nehmt den dritten Stein und betrachtet ihn. Er steht für stilles Wasser. Legt ihn in die rechte Hand, lasst diese dann in eurer linken ruhen und übt nun mit dem dritten Stein.

> *»Einatmend sehe ich mich selbst als stilles Wasser.*
> *Ausatmend spiegle ich die Dinge klar,*
> *wie sie in mir und um mich herum sind.*
> *Stilles Wasser, spiegeln.«*

Wiederholt ganz sanft diese Schlüsselworte »stilles Wasser, spiegeln«, während ihr dreimal ein- und ausatmet. In euch ist stilles Wasser. Ihr seid ruhig, klar und ganz gelassen. Legt dann diesen Stein rechts neben euch auf den Boden.

Jetzt möchte ich euch bitten, Raum zu malen. Vielleicht malt ihr den Himmel, ein großes Feld oder einen fliegenden Vogel. Lächelt dabei und atmet achtsam ein und aus.

Nachdem die Kinder Raum gemalt haben, sagen Sie:

Wir brauchen Raum in uns, um Freiheit und Freude erleben zu können. Ohne Raum können wir gar nicht glücklich oder friedvoll sein. Schauen wir uns einen Tisch an, glauben wir vielleicht, er bestehe aus Holz. Wenn wir näher hingucken, erkennen wir, dass ein Tisch auch aus ganz viel Raum besteht. Die Menge Holz bei einem Tisch ist dagegen ausgesprochen klein. Und so ist es auch mit unserem Körper und unserem Bewusstsein. Wir glauben vielleicht, wir würden nur aus un-

serem Körper bestehen, doch bei näherem Hinsehen entdecken wir, dass wir auch aus Bewusstsein und vielen anderen Dingen bestehen. Wenn wir ein- und ausatmen, erkennen wir, dass viel Raum in uns ist. Wenn wir so üben, dass wir für Raum in uns sorgen, werden wir frei und glücklich.
Jetzt nehmt den vierten Stein. Betrachtet ihn und lächelt ihm zu. Er steht für Raum. Legt ihn in die rechte Hand, lasst diese dann in eurer linken ruhen und übt nun mit dem vierten Stein.

> *»Einatmend spüre ich Raum in mir,*
> *er ist wie der große Himmel über mir.*
> *Ausatmend fühle ich mich frei.*
> *Raum, frei.«*

Wiederholt ganz sanft diese beiden Schlüsselworte, während ihr dreimal ein- und ausatmet. In euch ist Raum. Wenn wir die Raumhaftigkeit in uns fördern, können wir denen gegenüber, die wir mögen und lieben, großzügig sein und sie annehmen. So wie der Mond über dem schönen, nächtlichen Himmel seine Bahn zieht, so haben auch wir die Fähigkeit, Raum und Freiheit zu erleben, wo auch immer wir sind. Ohne Freiheit kann niemand wirklich glücklich sein. Berühren wir den Raum in uns, sind wir frei. Legt jetzt diesen Stein rechts neben euch.

Jetzt habt ihr mit den vier Steinen insgesamt zwölfmal achtsam ein- und ausgeatmet. Damit ist die Kieselstein-Meditation zu Ende, doch wenn euch die Übung gefallen hat, könnt ihr weitermachen und noch einmal mit den vier Steinen atmen. Legt die Steine am Ende in eure Tasche oder in ein Säckchen. Dann verbeugt euch vor euren Freundinnen und Freunden und atmet noch einmal achtsam zusammen, während ihr dem Klang der Glocke lauscht.

Wecken Sie die Glocke auf und laden Sie sie zu einem Klang ein.

Atmet jetzt dreimal ein und aus, schaut euch einmal alle an und lächelt, denn wir sind nun am Ende der wunderbaren Kieselstein-Meditation. Wir verbeugen uns voreinander und stehen dann auf.

ÜBUNGSBLATT ZUR KIESELSTEIN-MEDITATION

Materialien: ein Stück Papier, Kugelschreiber, Bleistift, Marker oder Buntstift

Lassen Sie die Kinder die Schlüsselworte der einzelnen Übungen nebeneinander aufschreiben, mit ausreichend Platz dazwischen. Bitten Sie sie dann, die folgenden Sätze zu vervollständigen, um die Bedeutung jedes Steins noch einmal ganz konkret auszudrücken.

Blume **frisch**
Ich fühle mich frisch, energiegeladen, voller Freude und ausgelassen, wenn:
[ich schwimmen gehe; ich mich dusche; ich aus einem Mittagsschläfchen erwache; ich mit Freunden spiele; ich Fahrrad fahre.]

Berg **fest**
Ich fühle mich fest, stark und selbstbewusst, wenn:
[eine Freundin traurig ist und ich sie unterstützen kann; ich gut beim Sport bin; ich meinem jüngeren Bruder oder meiner kleinen Schwester helfe.]

Wasser **spiegeln**
Ich fühle mich ruhig, still, gelassen und konzentriert, wenn:
[ich gut in der Schule bin; ich male oder schreibe; ich spazieren gehe.]

Raum **frei**

Ich fühle mich frei, leicht und entspannt, wenn:

[ich mit meinen Freundinnen oder Eltern spiele; ich das tun kann, was ich am liebsten tue; ich den Berg runterlaufe; ich schaukle; ich ein Tier streichle.]

MEDITATIONEN WÄHREND DES TAGES

DIE FÜNF-FINGER-MEDITATION

Von Mike Bell, Großbritannien

Legt den Zeigefinger der einen Hand auf das Handgelenk der anderen Hand, direkt unterhalb des Daumens. Lasst den Finger beim Einatmen entlang der Außenseite des Daumens nach oben gleiten und beim Ausatmen an der anderen Seite des Daumens herabgleiten. Lasst den Zeigefinger dann beim nächsten Einatmen den anderen Zeigefinger an der Außenseite hochgleiten und beim Ausatmen an der anderen Seite herunter. Verfahrt ebenso bei den restlichen Fingern. Ihr könnt auch einfach nur jeden Finger mit der anderen Hand für einen Atemzug umfassen. Seid beim ersten Finger auf das Ein- und Ausatmen konzentriert und benutzt für die anderen vier Finger die vier Bilder aus der Kieselstein-Meditation.

EINEN ATEMRAUM EINRICHTEN

Es wäre wunderbar, wenn es in jedem Haushalt einen Ort gäbe, um die Kieselstein-Meditation zu üben. Wir könnten ihn Atemraum oder Meditationsraum nennen. Zu Hause haben wir vielleicht einen Raum

für alles andere – ein Gästezimmer, ein Wohnzimmer, ein Schlafzimmer, ein Kinderzimmer, ein Fernsehzimmer, doch kein Zimmer für unseren Frieden, für unser spirituelles Leben, für unser Nervensystem. In jedem Zuhause sollte es einen Atemraum geben oder zumindest eine Ecke in einem Zimmer, die für diesen Zweck genutzt werden kann. Es ist ein Ort des Friedens, der Bereich des Buddha in eurem Haushalt.
Dieser Raum ist ein heiliger Ort. Ihr braucht keine Möbel dort, vielleicht nur ein paar Kissen und unter Umständen noch einen Altar oder einen Tisch mit frischen Blumen. Hilfreich ist auch eine kleine Glocke als Unterstützung für das achtsame Atmen.
Wundervoll wäre es, wenn eure Familie jeden Morgen dort vor der Schule oder der Arbeit zusammenkommen, atmen und dabei einen oder mehrere Kieselsteine verwenden würde. Das ist ein sehr kraftvoller Tagesbeginn. Jedes Mal, wenn es euch nicht gut geht, solltet ihr in diesen Raum gehen, den Bereich des Buddha. Setzt euch dort hin, lauscht der Glocke und findet euren Frieden wieder.
Sobald ihr im Meditationsraum seid, kann euch niemand mehr anschreien – ihr genießt dort »Straffreiheit«. Wenn ihr hört, dass einer aus eurer Familie die Glocke einlädt, dann wisst ihr, dass er im Atemraum zur Ruhe kommen will. Um ihn zu unterstützen, könnt ihr den Fernseher ausschalten und keine lauten Geräusche machen. Ist die Atmosphäre bei euch in der Familie manchmal nicht sehr friedlich oder schreit euch jemand an oder ist sehr aufgeregt, so könnt ihr euch in den Atemraum zurückziehen, um selbst wieder Klarheit zu gewinnen. Danach wisst ihr genau, was ihr tun und was ihr besser lassen sollt. Jeder kann zum Frieden in der Familie beitragen.

Auch in einem Klassenzimmer kann es, in Form eines ruhigen Bereichs, einen Atemraum geben. Die Schülerinnen und Schüler können dorthin gehen, wenn sie sich beruhigen und wieder zu sich kommen müssen. Dieser Raum kann aus einer Ecke bestehen, die von Tischen abgegrenzt ist. Es sollten dort einige Stühle stehen und auf dem Boden kann ein kleiner Teppich liegen, auf dem die Kinder sitzen oder liegen können.

In einigen Schulen gibt es bereits Räume für geleitete Meditationen. Die Kinder liegen auf dem Teppich, das Licht ist heruntergedimmt und aus einem CD-Player ertönt beruhigende Musik.

TIEFENENTSPANNUNG FÜR KINDER

Stress und Anspannung sind für viele von uns ein wachsendes Problem. Schon Kinder sind mehr und mehr davon betroffen. Tiefenentspannung ist eine Gelegenheit, unseren Körper auszuruhen, zu heilen und zu erfrischen. Wir entspannen unseren Körper, sind aufmerksam für jeden Körperteil und schicken unsere Liebe und Fürsorge in jede Zelle.

Auch bei Schlafproblemen kann Tiefenentspannung hilfreich sein. Liegen Sie wach im Bett, können Sie Tiefenentspannung machen und Ihrem Atem folgen. Das kann Ihnen helfen einzuschlafen. Selbst wenn Sie weiter schlaflos bleiben, nährt Sie die Übung und Sie ruhen sich aus.

Es gibt Tiefenentspannung für Erwachsene und es gibt eine Version für Kinder. Wir können Tiefenentspannung gemeinsam mit unserer Familie im Atemraum machen oder in der Schule mit Freunden oder in der Klasse. Als Lehrkraft lesen Sie den Kindern den Text vor oder Sie bitten einige Kinder, ihn abwechselnd vorzulesen. Etwas ältere Kinder tun das sehr gern und sehr gut. Erinnern Sie sie daran, langsam zu lesen und nach jedem Satz eine Pause zu machen. Vielleicht haben sie auch Lust, der Gruppe Schlaflieder vorzusingen. Sie müssen nicht jedes Mal die ganze Übung durchführen, sondern können sich auf wenige oder immer wieder unterschiedliche Körperteile konzentrieren. Passen Sie die Übung der Situation entsprechend an.

Bitten Sie die Kinder, sich hinzulegen oder, wenn das nicht möglich ist, die Position einzunehmen, in der sie sich gut entspannen können. Lesen Sie den nachfolgenden Text vor. Lassen Sie die Teile weg, die sich nicht für die Kinder, mit denen Sie arbeiten, eignen. Nachdem Sie den Körperteilen Fürsorge geschickt haben, singen Sie den Kindern, wenn sie sich ausruhen, Lieder vor oder spielen Sie ihnen Musik vor.

Die Tiefenentspannung ist eine wundervolle Gelegenheit, den Körper ausruhen zu lassen. Wenn unser Körper leicht und entspannt ist, wird auch unser Geist ruhig und friedlich. Die Praxis der Tiefenentspannung ist sehr wichtig, damit unser Körper und Geist heilen können. Bitte nehmt euch Zeit, sie oft zu üben. Ihr könnt die Tiefenentspannung zu jeder Tageszeit machen. Fünf oder zehn Minuten, morgens nach dem Aufwachen oder abends, wenn ihr zu Bett geht, oder während einer kurzen Pause mitten an einem vollen Tag. Das Wichtigste ist, dass ihr es genießt.

Legt euch bequem auf den Rücken. Entspannt euch. Schließt die Augen, legt die Arme seitlich neben euren Körper, lasst die Beine und Füße sich entspannen und etwas nach außen hin öffnen. Wenn euch das nicht möglich ist, legt euch so hin, wie es bequem und angenehm für euch ist, und entspannt euch in dieser Haltung.

Wisst ihr, dass ihr ein Wunder seid? Euer ganzer Körper ist ein Wunder, von den Haaren auf dem Kopf bis hinunter zu den kleinen Zehen. Wir beginnen damit, tief ein- und auszuatmen. Wenn wir einatmen, spüren wir, wie unser Bauch sich hebt. Wenn wir ausatmen, spüren wir, wie unser Bauch sich wieder senkt. Der Atem kommt und geht wie die Wellen auf dem Meer, sehr entspannt und sehr friedlich. Beobachtet mehrere Atemzüge lang, wie der Bauch sich hebt und senkt. Während ich ein- und ausatme, werde ich mir meines ganzen Körpers, wie er da liegt, bewusst. Ich spüre alle Teile meines Körpers, die den Boden berühren: die Fersen, die Rückseite der Beine, den Po, den Rücken, die Rückseite von Händen und Armen und die Rückseite des Kopfes. Bei jedem Ausatmen fühle ich, wie ich mich tiefer und tiefer in den Boden hinein entspanne, alles loslasse, meine Sorgen und meine Ängste oder Gedanken und Pläne für die Zukunft.

Einatmend spüre ich meine beiden Hände. Ausatmend entspanne ich die Muskeln in meinen beiden Händen vollständig. Einatmend fühle ich mich glücklich, zwei so gute Hände zu haben. Ausatmend lächle ich meinen beiden Händen zu. Meine beiden Hände sind so kostbar. Mit ihnen kann ich im Sand spielen und eine Sandburg bauen. Mit meinen beiden Händen kann ich malen. Ich kann zeichnen oder schreiben. Ich kann bauen, Sachen reparieren oder ein Tier streicheln. Ich kann Fahrrad fahren, auf einen Baum klettern oder einen Schneeball werfen. Ich kann einen Freund, eine Freundin bei der Hand halten, meine Schuhe zubinden oder helfen, Plätzchen zu backen, kann meine Haare bürsten und noch viel, viel mehr.

Beim Einatmen spreize ich meine Hände. Ausatmend entspanne ich sie. Meine Hände sind zwei sehr gute Freunde, die immer bereit sind, mir zu helfen.

Einatmend spüre ich meine beiden Arme. Ausatmend entspanne ich meine Arme. Einatmend fühle ich mich glücklich, zwei starke Arme zu haben. Ausatmend entspanne ich meine Muskeln und fühle Freude und Leichtigkeit in allen Zellen meiner Arme. Mit meinen Armen kann ich meine Eltern und meine Großeltern umarmen. Mit meinen Armen kann ich schaukeln, schwimmen und einen Ball werfen. Sie helfen mir, ein Rad zu schlagen, den Abfall runterzubringen oder ein Kätzchen zu tragen. Jetzt habe ich die Gelegenheit, meinen Armen Danke zu sagen. Sie tun so viel für mich.

Einatmend strecke ich meine Arme aus, ausatmend lasse ich meine Arme sich ausruhen, vollkommen entspannt. Ich lächle meinen beiden Freunden zu.

Einatmend spüre ich meine Schultern. Ausatmend lasse ich meine Schultern sich ausruhen, sie geben ihr ganzes Gewicht an den Boden ab. Einatmend schicke ich meinen Schultern all meine Liebe. Ausatmend lächle ich meinen Schultern zu. Ich bin dankbar für ihre Stärke. Immer wenn ich ausatme, fühle ich, wie sie sich tiefer und tiefer entspannen.

Einatmend spüre ich meine beiden Füße, ausatmend lächle ich meinen Füßen zu. Ich bewege meine Zehen, jeden einzelnen. Wie schön, zwei

Füße zu haben. Mit meinen beiden Füßen kann ich gehen, laufen, Sport treiben, tanzen und Fahrrad fahren. Meine Füße mögen es, den warmen Sand zu spüren, wenn ich am Strand entlanggehe. Wenn es regnet, macht es mir Spaß, mit meinen Füßen in die Pfützen zu springen. Im Park oder auf dem Spielplatz lieben es meine Füße, zu laufen, zu springen und zu hüpfen. Und wenn ich müde bin, lieben sie es, sich auszuruhen. Vielen Dank, liebe Füße.

Einatmend strecke ich meine Füße und Zehen aus. Ausatmend entspanne ich meine Füße. Ich bin so froh über meine beiden Füße.

Einatmend spüre ich mein rechtes und linkes Bein. Ausatmend freue ich mich an meinen beiden Beinen. Meine beiden Beine sind, seit ich ein winzig kleines Baby war, jeden Tag etwas gewachsen. Sie wachsen immer noch und ändern sich auch gerade in diesem Moment. Meine Beine helfen mir, aufrecht zu stehen; jeden Tag werde ich ein bisschen größer. Mit meinen beiden Beinen kann ich im Schneidersitz sitzen oder Spagat machen. Ich kann Fußball spielen und auf Stelzen gehen. Beim Treppensteigen und auf dem Schulweg sind meine Beine schon viele Kilometer gegangen. Es fühlt sich so gut an, Beine zu haben.

Einatmend strecke ich meine Beine aus, ausatmend entspanne ich meine Beine. Meine Beine sind ein Wunder und sie sind immer für mich da.

Einatmend spüre ich meine beiden Augen. Ausatmend lächle ich meinen Augen zu. Einatmend entspanne ich die vielen Muskeln um meine Augen herum. Ausatmend sende ich meinen beiden Augen Liebe und Fürsorge. Meine Augen sind ein Geschenk. Mit ihnen kann ich sehen, dich und mich. Ich kann die Vögel am hellen blauen Himmel fliegen und den gelben Mond hoch oben am Himmel stehen sehen. Ich kann lesen, schreiben und fernsehen. Ich kann die Ameisen beobachten, wie sie emsig bauen, und wenn ich traurig bin, kann ich weinen und die Tränen fließen lassen. Alles, was in mir ist, kann sich durch meine Augen zeigen.

Einatmend ziehe ich meine Augen zusammen. Mit dem Ausatmen entspanne ich meine Augen. Danke, Augen, dass ihr mich sehen lasst, denn um mich herum gibt es so viel Schönes zu sehen!

Einatmend spüre ich, wie meine Lunge größer wird. Wenn ich ausatme, spüre ich, wie sie sich zusammenzieht. Einatmend fühle ich mich so glücklich, dass ich zwei gute Lungenflügel habe. Ausatmend lächle ich ihnen freundlich zu. Meine Lunge ist so unglaublich. Sie hilft mir, ein- und auszuatmen, Tag und Nacht, sogar wenn ich schlafe. Sie bringt Sauerstoff in meinen Körper und gibt mir die Kraft, zu sprechen, zu singen, zu rufen, zu flüstern, zu kichern und zu grummeln. Direkt nach meiner Geburt war das Erste, was ich tat, ein tiefer Atemzug. Und seitdem ist meine Lunge für mich stets da gewesen, jede Minute, jede Stunde.

Ich atme die frische Luft in meine Lunge ein, und wenn ich ausatme, lasse ich die Lunge sich ausruhen und entspannen. Danke, Lunge, dass du mir zu atmen hilfst!

Einatmend weiß ich, dass mein Herz in meiner Brust schlägt. Ausatmend erfreue ich mich an meinem Herzen und lasse es sich ausruhen. Mit meinem Einatmen sende ich meinem Herzen all meine Liebe. Mit meinem Ausatmen lächle ich meinem Herzen zu. Mein Herz hält mich am Leben und es ist immer für mich da, jede Minute und jeden Tag. Es macht nie Pause. Mein Herz hat schon geschlagen, als ich ein vier Wochen alter Embryo im Bauch meiner Mutter war. Es ist ein wunderbares Organ, das mir bei allem hilft, was ich am Tage tue. Einatmend weiß ich, dass mein Herz mich auch liebt. Ausatmend verspreche ich, so zu leben, dass mein Herz gesund und stark bleibt. Bei jeder Ausatmung spüre ich, wie mein Herz sich mehr und mehr entspannt und wie jede Zelle in meinem Herzen voller Wohlgefühl und Freude lächelt.

Einatmend spüre ich meinen Magen. Ausatmend entspanne ich meinen Magen. Einatmend erfreue ich mich an meinem Magen und ausatmend lächle ich ihm zu. Ich weiß, dass mein Magen hart für mich arbeitet. Jeden Tag verdaut er das, was ich esse, und gibt mir Energie und Kraft. Nun lasse ich ihn sich völlig ausruhen.

Beim Einatmen fühle ich, wie mein Magen sich froh und leicht anfühlt. Beim Ausatmen fühle ich Dankbarkeit für meinen Magen. Er ist immer für mich da.

Nun bringe ich meine Aufmerksamkeit zu einem Teil meines Körpers, der vielleicht krank ist oder Schmerzen hat. Ich nehme mir Zeit, um das wahrzunehmen und diesem Teil meine Liebe zu schicken. Einatmend lasse ich diesen Teil meines Körpers sich ausruhen, ausatmend lächle ich ihm mit Freundlichkeit zu. Ich weiß, dass es andere Teile meines Körpers gibt, die noch immer stark und gesund sind. Ich lasse diese Teile meines Körpers ihre Kraft und Energie an den schwachen oder kranken Teil schicken. Ich fühle, wie die Unterstützung, Energie und Liebe der gesunden Teile meines Körpers den schwachen durchdringen und ihn beruhigen und heilen.
Beim Einatmen weiß ich, dass mein Körper ein Wunder ist, weil er sich selbst heilen kann, wenn er krank ist. Beim Ausatmen lasse ich meine Sorgen und Ängste los, die ich vielleicht in meinem Körper festhalte. Ein- und ausatmend lächle ich mit Liebe und Vertrauen dem Teil meines Körpers zu, dem es nicht gut geht.
Einatmend spüre ich, wie mein ganzer Körper auf dem Boden liegt. Ausatmend genieße ich das Gefühl, dass mein Körper entspannt und ruhig daliegt. Ich lächle meinem ganzen Körper zu, wenn ich einatme, und sende meinem Körper meine Liebe und mein Mitgefühl, wenn ich ausatme. Ich spüre, wie alle Zellen meines Körpers freudig mit mir lächeln. Ich fühle Dankbarkeit für alle Zellen meines Körpers. Ich spüre, wie sich mein Bauch sanft hebt und senkt.
Nun ist die Tiefenentspannung zu Ende. Ihr könnt eure Hände und Füße sanft hin und her bewegen und sie langsam ausstrecken. Rollt euch dann auf eine Seite und setzt euch auf. Wenn ihr bereit seid, öffnet die Augen. Nehmt euch Zeit, ruhig und langsam aufzustehen. Genießt es, die friedvolle, achtsame Energie, die ihr geschaffen habt, mit in den Tag zu nehmen.

WASSERFALL-ENTSPANNUNGS-MEDITATION

Lesen Sie den Kindern den folgenden Text langsam vor, so können sie lernen, bereits vor der Meditation zu entspannen.*

Ein wunderschöner Wasserfall aus weißem Licht fließt auf euch herab. Er fließt über euren Kopf und hilft ihm, sich zu entspannen. Ihr spürt, wie der Kopf sich entspannt. Der Wasserfall aus Licht erreicht nun euren Nacken und eure Schultern. Nacken und Schultern entspannen sich, und alle Spannungen und aller Stress, den sie mit sich herumtragen, fallen ab. Jetzt fließt der Wasserfall über eure Arme. Eure Arme lockern sich, und es gibt nichts für sie zu tun. Der Wasserfall fließt euren Rücken hinab. Euer Rücken lässt los und entspannt sich. Der Wasserfall fließt über eure Brust und euren Bauch und sorgt dafür, dass sie sich entspannen. Ihr könnt das spüren, wie Brust und Bauch sich entspannen und Wut, Verletzungen und Traurigkeit von euch abfallen. Der Wasserfall gelangt zu euren Beinen und Füßen und auch die lassen nun los und ruhen sich aus. Der schöne Wasserfall aus weißem Licht strömt über euren gesamten Körper. Ihr werdet ganz friedlich und ausgeruht. Bleibt in diesem Wasserfall aus Licht für ein paar Momente und spürt, wie das euren Körper entspannt und heilt.

FRAGE & ANTWORT

Kind: Lieber Thay, wie viele Stunden meditierst du täglich, und wie viel davon ist Sitzmeditation und wie viel Gehmeditation?
Thay: Immer wenn ich sitze, ist das eine Sitzmeditation. Ob ich nun in der Lotos-Position, der Halb-Lotos-Position oder der Chrysanthemen-Position sitze – all das ist Sitzmeditation. Ich bin nicht gut im Rechnen

* Quelle: www.buddhanet.net

und damit auch nicht im Zählen. Meine Übung ist daher: Jedes Mal, wenn ich sitze, ist das eine Sitzmeditation. Ich möchte ruhig und friedvoll sitzen. Auch ein Dharma-Vortrag ist für mich eine Sitzmeditation, obwohl ich dabei spreche. Ich sitze mit Stabilität und in Frieden. Ihr solltet nicht nur die Minuten zählen, die ihr im Meditationsraum sitzt, sondern alle Zeit, die ihr sitzend verbringt. Ob ihr im Gras sitzt oder auf einem Hügel – all das ist Sitzmeditation.

Immer wenn ihr eure Füße und Beine bewegt und den Boden berührt, wenn ihr von einem Ort zum anderen geht, könnt ihr Gehmeditation üben. Das wird in Plum Village so empfohlen. Wir tun das nicht nur für eine oder anderthalb Stunden am Tag, sondern den ganzen Tag lang. Jedes Mal, wenn ihr geht, sollte das eine Gehmeditation sein, denn es macht euch glücklicher und friedvoller, als wenn ihr unachtsam geht. Wir reden auch nicht während des Gehens, weil wir uns vollständig auf das Gehen konzentrieren wollen. Ihr geht mit hundertprozentiger Aufmerksamkeit und das schafft die Energie der Stabilität und des Friedens. Wenn ihr redet, habt ihr nicht so viel Energie für das Gehen. Wenn ihr jemandem zuhören müsst, dann haltet an und hört hundertprozentig zu.

Bei uns in Plum Village ist es so, dass wir nicht einige Zeit am Tag dafür reservieren zu üben. Wir versuchen, den ganzen Tag über zu praktizieren. Ob ihr kocht oder wascht, immer folgt ihr eurem Atem. Tut ihr etwas achtsam, ist das bereits Meditation. In Plum Village meditieren wir die ganze Zeit und wir versuchen, alles entspannt zu tun. Ob wir Auto fahren, telefonieren oder den Abwasch erledigen – wir wollen alles friedvoll tun. Alles ist für uns genauso wichtig wie die Zeit der Sitzmeditation. Alles, was wir tun, soll uns Freude machen.

GEHMEDITATION – LANGSAMES GEHEN

Bilden Sie mit der Gruppe einen Kreis.

Lasst uns etwas tun, damit wir noch deutlicher merken, wie wunderbar unser Körper arbeitet. Beginnt nun im Kreis durch den Raum zu gehen. Bewegt euch ganz normal, aber seid ganz aufmerksam für eure Körperbewegungen.

Gehen Sie nun alle einige Male im Kreis.

Werdet nun langsamer, sodass ihr zwei oder drei Minuten braucht, um einmal durch den Raum zu gehen. Spürt den Kontakt der Füße mit dem Boden, spürt, wie die Arme hin- und herschwingen, bemerkt, wie alles zusammenpasst.

Geht jetzt so langsam, wie ihr nur könnt. Nehmt euch ganz viel Zeit für einen Schritt. Spürt, welche Muskeln euer Körper für nur einen Schritt in Bewegung setzen muss.

Machen Sie dies drei oder vier Minuten lang.

Haltet jetzt an, entspannt euch und atmet einige Male.

GEHMEDITATION* – ACHTSAMES GEHEN

Anhand der folgenden Vorschläge werden die Kinder gut spüren können, wie sich ihr Körper in unterschiedlichen Situationen bewegt und auch wie der Körper die Gefühle ausdrückt.

Stellt euch vor, ihr geht im Schnee und hinterlasst tiefe Fußspuren. Stellt euch vor, ihr lauft ganz vorsichtig auf dünnem Eis, um nicht einzubrechen. Stellt euch vor, dass jedes Mal, wenn ihr den Fuß auf den

* Quelle: Fiona Clarke und verschiedene Spielbücher

Boden setzt und wieder hebt, ein wunderschöner Lotos aus dem Boden wächst, sodass ihr beim Gehen eine Spur von Lotosblüten hinterlasst.
Geht jetzt wie ein geschäftiger Manager, dann wie ein wildes Tier, wie ein Luftballon, wie ein Soldat, wie ein Einbrecher, wie ein Roboter.
Stellt euch vor, auf eurem Kopf ist eine Krone oder ihr tragt einen Umhang. Stellt euch vor, ihr tragt einen Eimer Wasser auf eurem Kopf. Stellt euch vor, ihr habt es eilig. Achtet mal darauf, wie sich eure Bewegungen ändern.
Stellt euch vor, ihr lauft an einem wunderschönen Ort, seid ganz entspannt und glücklich. Stellt euch vor, ihr lauft im Dunkeln umher, hört unbekannte Geräusche und fürchtet euch. Stellt euch vor, ihr habt eure Familie eine Woche lang nicht gesehen. Wie begrüßt ihr sie beim Wiedersehen?
Geht jetzt mit Riesenschritten oder mit Trippelschrittchen. Geht durch Schnee, durch einen reißenden Fluss, über Steine, durch eine Brandung, über heißen Wüstensand, über ein Seil, wie eine Katze, über eine Seilbrücke, mit Beinen aus Metall, wie ein ganz kleines Kind. Geht wie auf heißen Kohlen, wie ein Schlittschuhläufer, wie eine schüchterne Person, wie eine ganz selbstbewusste Person, wie ein Elefant, wie ein alter Mensch.
Jetzt geht mal ganz langsam und achtet dabei auf so viele Einzelheiten beim Gehen wie möglich. Bemerkt, wie die Ferse und dann der Ballen des einen Fußes den Boden berühren. Hebt und bewegt den anderen Fuß langsam. Könnt ihr spüren, wie ihr das Gleichgewicht haltet? Entspannt euren Körper bei jedem Schritt und bringt euer Gewicht ganz auf den Fuß, auf dem ihr steht. Atmet tief ein und aus. Atmet nun ein, wenn ihr euren Fuß hebt, und atmet aus, wenn ihr ihn wieder senkt. Geht ungefähr eine Minute lang in dieser Weise.

ZU BEGINN UND AM ENDE DES TAGES WÜNSCHE SCHICKEN

Materialien: Glocke, Einlader, Kerze, Räucherstäbchen und Streichhölzer
(Ist der Raum nicht gut durchlüftet oder jemand allergisch gegen Räucherstäbchen, können Sie stattdessen auch eine Blume oder einen Stein verwenden.)

Wie sich die Klasse oder Gruppe zu Beginn oder am Ende des Tages versammelt, kann sich sowohl auf die Gruppe der Kinder als auch auf die Erwachsenen, die auf sie achtgeben, sehr positiv auswirken. Wir haben die Möglichkeit, den Tag bestmöglich zu beginnen und am Ende des Tages zu einem friedvolleren Geisteszustand zurückzufinden. Wir können den Kindern helfen, sich zu besinnen, zu dem Ort in ihnen zurückzukehren, der Wärme und Licht ausstrahlt.
Laden Sie die Glocke ein zu erklingen. Sie können die folgende Meditation nehmen oder sie auch abwandeln, um den Tag zu beginnen oder zu beenden:

Setzt euch ganz entspannt hin und kommt ganz hier in diesem Moment an. Spürt in der Stille dieses Augenblicks, wo ihr in eurem Inneren Wärme, Liebe und Raum am besten spüren könnt. Vielleicht in eurer Herzgegend. Wenn dem so ist, legt eine Hand oder beide Hände auf euer Herz. Es kann auch eine Stelle an eurem Kopf sein, an dem ihr Wärme, Liebe, Raum am besten spüren könnt. Wenn dem so ist, haltet euren Kopf mit einer Hand oder mit beiden Händen. Wenn Wärme, Liebe und Raum an einer anderen Stelle im Körper besser spürbar sind, legt eine Hand oder beide Hände dorthin. Konzentriert euch auf diesen Ort, an dem ihr Wärme, Liebe und Raum empfindet.
Spürt, dass aus diesem Raum ein Wunsch oder mehrere Wünsche ganz natürlich hervorkommen und sich zu Wort melden. Worin besteht der

Wunsch? Gilt er jemandem, den ihr liebt oder sehr mögt? Bezieht der Wunsch sich auf mehr als eine Person? Gilt der Wunsch jemandem, den ihr nicht leiden könnt? Bezieht sich der Wunsch auf euch selbst? Oder auf andere Formen des Lebens wie Tiere, Pflanzen oder Mineralien?

Fragen Sie nun, ob jemand seinen Wunsch der Gruppe erzählen möchte. Ein Kind wünscht sich vielleicht Frieden in der Welt, dass die Eltern glücklich sind oder es mit seinen Geschwistern besser auskommt. Bitten Sie dann jemanden aus der Runde, eine Kerze zu entzünden, als Symbol dafür, dass die Wünsche nun ins Licht und in die Wärme geschickt werden, und bitten Sie ein anderes Kind, ein Räucherstäbchen zu entzünden, das für den Wohlgeruch und die Schönheit der Wünsche steht.
Laden Sie die Glocke ein zu erklingen, wenn das Räucherstäbchen brennt, dann kann die ganze Gruppe ihre Wünsche in Form von Licht, Wärme und Wohlgeruch aussenden und loslassen.

6. Kapitel

Die Beziehungen zueinander und zur Erde stärken

Legt ihr ein Saatkorn in die Erde und kümmert euch dann darum, wird es innerhalb weniger Wochen keimen, sprießen und wachsen. Stellt euch nun einmal vor, ihr beugt euch zu der jungen Pflanze herab und sagt: »Du, liebe kleine Pflanze, kannst du dich noch daran erinnern, ein Saatkorn gewesen zu sein?« Könnte die Getreidepflanze sprechen, würde sie sagen: »Ich ... und ein Saatkorn? Das glaube ich nicht!« Die Pflanze hat vielleicht vollkommen vergessen, dass sie einst ein Saatkorn war. Ihr sagt dann zu ihr: »Liebes kleines Getreide, aber ich weiß das, denn ich habe dich ausgesät. Ich bin sicher, dass du ein Getreidekorn warst. Ich habe dich jeden Tag gegossen und eines Tages hast du ausgetrieben und hast deine ersten Blätter hervorgebracht.«

Angenommen, ihr beschreibt dem kleinen Halm, was mit ihm geschehen ist, dann erinnert er sich vielleicht an seine Herkunft.

Wir sind wie diese Pflanze. Als unsere Mutter uns empfangen hat, waren wir sehr, sehr klein; kleiner als ein Saatkorn; eine winzige Eizelle. Und die enthielt sowohl Mutter als auch Vater. Wir sind eine Fortführung unseres Vaters und unserer Mutter, doch wir erinnern uns daran oft nicht mehr. Nach der Empfängnis teilte sich die Zelle sehr schnell. Schon eine Stunde nach der Empfängnis gibt es bereits tausend Zellen. Und so sind wir langsam gewachsen.

Im Bauch unserer Mutter ging es den meisten von uns sehr gut. Das Wetter dort war perfekt! Wir waren an einem sehr angenehmen Ort, von Wasser umgeben, und wir schwebten darin; es war sehr bequem. Unsere Mutter atmete für uns, aß für uns und lächelte für uns. Wir mussten gar nichts tun, konnten einfach nur genießen. In Vietnam haben wir einen wunderschönen Ausdruck, um den Mutterleib zu beschreiben: der Palast des Kindes. Wir bleiben dort für neun Monate. Um nichts brauchen wir uns dort zu kümmern oder zu sorgen. Es gibt dort keine Nöte, keine Angst, keine Wünsche – das ist das Paradies.

Doch mit unserer Geburt hat sich dies vollständig geändert. Durch die Nabelschnur waren wir mit unserer Mutter verbunden und bekamen so Nahrung und Sauerstoff. Nach unserer Geburt wurde die Nabelschnur durchtrennt und wir waren nun auf uns selbst angewiesen. Das war auch ein sehr schwieriger und gefährlicher Moment, denn unsere Mutter konnte nun nicht länger für uns atmen. Wir mussten selbst atmen. Das war schwierig, weil Flüssigkeit in unserer Lunge war. Die mussten wir ausstoßen, um unseren ersten Atemzug zu machen. Als wir das geschafft hatten, wussten wir, dass wir überleben würden. Wir hatten nämlich Angst, nicht zu überleben. Zum ersten Mal erlebten wir Angst.

Außerhalb unserer Mutter konnten wir zunächst gar nichts selbst tun. Jemand musste sich um uns kümmern. Wir konnten überhaupt nichts. Zwar hatten wir Arme und Beine, doch wir wussten nicht, was wir damit anstellen sollten. Wir mussten uns auf unsere Mutter und unseren Vater verlassen. Und wir hatten Angst. Und mit dieser Urangst einher ging der Wunsch oder das Verlangen zu überleben, das war das erste Verlangen in unserem Leben. Als wir dann heranwuchsen, hatten wir noch andere Wünsche, doch jeder Wunsch, jedes Verlangen ist nur die Fortführung des ursprünglichen Wunsches oder Verlangens: zu überleben.

Wir verhalten uns vielleicht wie die Getreidepflanze und erinnern uns gar nicht mehr daran, dass wir einst im Bauch unserer Mutter waren. Wir sind überrascht zu hören, dass wir einmal ein winziger Samen,

eine winzige Eizelle waren. Wir haben vielleicht nicht alles vergessen, aber vermutlich doch, dass es eine Zeit gab, in der wir es gut und bequem im Palast des Kindes, im Paradies, hatten. Wenn ihr euch manchmal nach dem Paradies sehnt, wisst ihr, dass ihr das Paradies, in dem ihr neun Monate verbracht habt, nicht vollständig vergessen habt.
An eines sollten wir uns erinnern. Wir beginnen als eine winzige Eizelle und in dieser Eizelle sind unser Vater, unsere Mutter und all unsere Vorfahren enthalten. Das ist wie bei der Pflanze, die die Fortführung des Saatkorns ist.
Wir sind die Fortführung unseres Vaters und unserer Mutter. Das ist eine Tatsache. Erkennen wir die Tatsache an, dass die Getreidepflanze die Fortführung des Saatkorns ist, müssen wir ebenfalls anerkennen, dass wir die Fortführung unserer Eltern oder wichtigsten Bezugspersonen sind, ob dies nun unsere leiblichen Eltern sind oder nicht. Vielleicht solltet ihr mal zu eurem Vater gehen und ihn anschauen und dann so etwas sagen wie: »Vater, weißt du eigentlich, dass ich deine Fortführung bin?« Wenn ihr eine Fortführung von etwas oder jemandem seid, seid ihr nicht etwas vollkommen anderes als dieser Jemand. Die kleine Getreidepflanze kann schlecht sagen: »Ich kenne das Saatkorn nicht. Ich bin etwas ganz anderes.« Das wäre nicht wahr, denn die Pflanze ist aus dem Saatkorn entstanden. Sie ist *eins* mit dem Saatkorn. Sie sieht nicht so aus wie ein Saatkorn, ist aber zweifellos dessen Fortführung.
Was passiert, wenn ein kleines Mädchen auf den Vater wütend wird? Sie ist tatsächlich wütend auf sich selbst, denn sie ist ja eine Fortführung ihres Vaters. Wenn wir meditieren, erkennen wir, dass unser Vater in uns und in jeder Zelle unseres Körpers gegenwärtig ist. Einatmend sage ich Hallo zu meinem Vater in jeder Zelle meines Körpers. Ausatmend lächle ich meiner Mutter in jeder Zelle meines Körpers zu. Wenn ich mich über meine Mutter ärgere, ist es so, als würde ich mich über mich selbst ärgern. Wir können nicht sagen, dass du und deine Mutter zwei verschiedene Personen wäret. Doch wir können auch nicht behaupten, ihr wäret ein und dieselbe Person. Ihr seid nicht dieselbe Person wie euer Vater, doch auch keine ganz andere.

Gucken wir uns Fotos von früher an, fragen wir uns vielleicht: »Bin ich dieselbe Person wie dieses kleine Kind auf dem Bild?« Jetzt sind wir einige Jahre älter und sehen anders aus, und wir können kaum glauben, dass wir dieselbe Person sind, doch wir sind wirklich die Fortführung dieses kleinen Kindes. Unser Körper ist jetzt ein anderer, unsere Gefühle und Wahrnehmungen sind andere, doch wir haben uns aus diesem kleinen Kind entwickelt. Wenn euch jemand fragt, ob ihr dieselbe Person wie dieser kleine Junge oder das kleine Mädchen seid, könnt ihr antworten: »Nun, ich scheine nicht dieselbe Person zu sein, denn ich sehe anders aus und fühle auch anders, doch bin ich auch keine vollkommen andere Person, denn ich bin die Fortführung.« Wir sollten mit unserer Mutter und unserem Vater einmal darüber sprechen. Jedes Mal, wenn ihr euch über euren Vater ärgert, ärgert ihr euch gewissermaßen auch über euch. Es gibt keine Möglichkeit, den Vater oder die Mutter aus uns zu entfernen. Darum üben wir uns darin, uns mit ihnen zu versöhnen.

Ein junger Mann war einmal so wütend über seinen Vater, dass er sagte: »Ich will mit diesem Mann nichts mehr zu tun haben.« Doch er kann seinen Vater nicht aus sich entfernen, sosehr er das auch will, denn er ist dessen Fortführung. Meine Mutter ist ich; das ist die Wahrheit. Mein Vater ist auch ich. Ich bin nicht vollkommen anders als sie. Daran erinnert uns auch der Buddha immer wieder. Ihr solltet jedes Mal, wenn ihr Probleme mit euren Eltern habt, daran denken.

UNSER MITGEFÜHL UND DIE GEMEINSCHAFT FÖRDERN

DIE NEUBEGINN-ZEREMONIE FÜR FAMILIEN

Materialien: Glocke und Einlader, Vase mit Blumen

Bei Retreats bitten wir die Kinder zur Vorbereitung dieser Übung, einen Tag vor der Zeremonie Karten für ihre Eltern herzustellen. Darauf schreiben sie all die Dinge, die sie an ihnen schätzen und mögen, und verzieren die Karten. Sie überreichen den Eltern dann die Karten während der Zeremonie. Den Erwachsenen sagen wir, dass sie Objekte aus der Natur mitbringen sollen, welche die guten Eigenschaften, die sie an ihren Kindern wertschätzen, repräsentieren.

Diese wunderschöne Praxis ermöglicht es den Erwachsenen und Kindern, einander ihre Wertschätzung zu zeigen. Ein kleiner vierjähriger Junge dankte seiner Mutter dafür, dass sie zu Hause immer all das schmutzige Geschirr abwäscht. Eine Erwachsene kniete vor ihren Kindern nieder, um auszudrücken, wie sehr sie sie schätzt. Das kann eine sehr freudvolle, bewegende Erfahrung sein für alle, die an einer solchen Sitzung teilnehmen.

Reicht die Zeit aus, können die Kinder vorher einige Leckerbissen zubereiten, die sie dann den Erwachsenen zu Beginn der Zeremonie anbieten. Wenn zu wenig Zeit dafür ist, können auch einfach Plätzchen hübsch in einer Schale arrangiert und angeboten werden. Lassen Sie zu Beginn der Zeremonie die Schale herumgehen und genießen Sie alle die Plätzchen für einige Minuten im Schweigen.

Der Ablauf ist ähnlich wie bei der Neubeginn-Zeremonie für Erwachsene (siehe Kapitel 3). Wir sitzen im Kreis, wobei die meisten Kinder gern neben ihren Angehörigen sitzen. In der Mitte des Kreises steht eine Vase mit Blumen oder ein einfaches Blumenarrangement.

Da die Kinder auch in die Mitte gehen, um sich Blumen zu nehmen, sorgt man am besten dafür, dass diese nicht zu groß und voluminös sind. Sie können mit einem Lied beginnen. Wenn alle sitzen, lädt ein Kind die Glocke ein, dreimal zu erklingen. Führen Sie dann kurz, aber ausführlich genug in die Übung des Neubeginns ein.

Wichtige Punkte dabei sind:

- Zentral für die Übung des Neubeginns ist, dass wir unsere Wertschätzung für unsere Lieben ausdrücken und uns für alle Fehler entschuldigen, die wir gemacht haben. Tun wir beides zu selten, dann stagnieren unsere Beziehungen. Die Kommunikation wird schwieriger, wenn Verletzungen sich ansammeln, und wir fühlen uns nicht frisch oder glücklich, wenn unsere Schönheit, unsere Talente und Begabungen nicht gewürdigt und genährt werden. Wir müssen dies regelmäßig tun, einmal in der Woche wäre gut. Freitagabend ist vielleicht eine gute Zeit dafür, dann können wir das Wochenende unbeschwerter miteinander genießen.
- Wenn wir unsere Wertschätzung ausdrücken, nennen wir das: in der anderen Person »die Blumen gießen«, denn in uns allen ist eine Blume – unsere Frische, unser Humor, unsere Freude oder Fröhlichkeit. Durch unser Blumengießen sorgen wir dafür, dass die Blumen unserer Liebsten länger frisch bleiben. Oft bringen wir nur das zur Sprache, was schiefläuft, doch es passieren auch so viele gute Dinge, die wir gar nicht bemerken. Unser Kind ist gesund, unser Partner hilft uns im Haushalt. Wir sollten uns nicht nur beklagen, wenn etwas nicht gut funktioniert, sondern uns auch die Zeit dafür nehmen, all das aufzuzählen, für das wir dankbar sind. Werden unsere Blumen regelmäßig gegossen, fällt es uns sehr viel leichter, konstruktive Kritik anzunehmen und uns anders zu verhalten, um unsere Familie mehr zu unterstützen.
- Sprechen Sie darüber, wie diese Übung uns unterstützen kann, unsere Lieben in positiver, optimistischer Weise zu sehen. Ist die Blu-

me einer Person gegossen worden, haben wir alle das Gefühl, dass unsere Blumen gegossen wurden.

- Nach der Einführung kann die Person, die diese Übung anleitet, mit dem Blumengießen beginnen, um allen ein Beispiel zu geben.

Bitten Sie die Kinder vorzulesen, was sie für die Erwachsenen auf die Karten geschrieben haben. Wenn sie das nicht wollen, können sie die Karten auch einfach ihren Eltern oder Bezugspersonen geben. Nachdem alle Kinder das getan haben, können die Eltern ihren Kindern die Naturobjekte zeigen und ausdrücken, dass diese ihre guten Eigenschaften repräsentieren.

Wenn noch Zeit ist, können die Erwachsenen in einer zweiten Runde sagen, was sie tun wollen, damit ihre Familie glücklicher wird. Das ist ein sehr positiver Weg, Bedauern auszudrücken, ebenso wie die Entschlossenheit, es besser zu machen. Einige Erwachsene sagen zum Beispiel, sie wollten weniger arbeiten, um mehr Zeit mit ihren Kindern zu verbringen, oder dass sie geduldiger sein und besser auf sich achten wollten, um nicht so schnell wütend zu werden und aus ihrer Wut heraus zu handeln. Manche sagen, sie wollten ihre Kinder künftig mehr bestätigen und ihnen mehr Raum geben, sie selbst zu sein. Dann können sich auch die Kinder äußern. Oft haben sie sehr konkrete, schöne Vorhaben. Einige erklären zum Beispiel, dass sie sich künftig mehr darum bemühen wollten, den Erwachsenen wirklich zuzuhören, wenn diese sie um etwas bitten, und nicht mehr erst nach zehnmaliger Wiederholung reagieren. Manche drücken ihr Bedauern darüber aus, zu ihren Geschwistern nicht so nett gewesen zu sein, wie sie das eigentlich gern gewollt hätten, und dass sie künftig mehr mit ihnen teilen und weniger mit ihnen kämpfen wollten.

Wenn sich die Beteiligten wohl damit fühlen, ist es wundervoll, die Neubeginn-Zeremonie mit der Umarmungs-Meditation zwischen Freunden und Familienmitgliedern zu beenden.

UMARMUNGS-MEDITATION

Stellt euch vor ein Familienmitglied oder vor einen Freund, eine Freundin. Schaut euch in die Augen.
(Sind die Erwachsenen zu groß, sollten sie sich hinknien.)
Legt eure Handflächen zusammen und verbeugt euch voreinander. Umarmt euch dann sanft und langsam. Haltet euch drei Atemzüge lang in den Armen. Beim ersten Atemzug sind wir uns bewusst, dass wir lebendig sind. Beim zweiten Atemzug sind wir uns bewusst, dass der Mensch in unserem Arm lebendig ist. Beim dritten Atemzug fühlen wir uns dankbar und glücklich, ihn im Arm zu halten. Schaut einander an. Legt eure Handflächen zusammen und verbeugt euch ein letztes Mal voreinander.

BLUMEN GIEßEN

Materialien: Buntstifte, Bleistifte oder Marker, für jedes Kind einen groß gezeichneten Blütenkopf mit einem Kreis in der Mitte und so vielen Blütenblättern, wie es Kinder gibt, die mitmachen.

Setzen Sie sich in einem Kreis zusammen. Jedes Kind schreibt seinen Namen in die Mitte der Blume. Dann schreibt es eine Eigenschaft oder etwas, das es an sich mag, in eines der Blütenblätter. Können einige Kinder noch nicht so gut schreiben, ermutigen Sie sie, etwas in ein Blütenblatt zu malen, oder ein Erwachsener schreibt die Worte für das Kind auf.
Jeder gibt jetzt sein Bild an die links von ihm sitzende Person weiter. Dann schreibt jedes Kind eine gute Eigenschaft der Person auf, deren Name in der Mitte der Blüte steht. Am Ende der Sitzung hat jedes Kind eine Blüte voller guter Eigenschaften, die die anderen ihm zugeschrie-

ben haben. Man kann das Gleiche mit Sonnenstrahlen machen, die jeweils die Stärke des Kindes zeigen. Jedes Kind malt dafür eine Sonne mit langen Strahlen. In das Zentrum kommt ein Foto des Kindes oder jedes Kind malt sein Gesicht hinein. Die Komplimente, die die Kinder beim Blumengießen bekommen haben, schreiben sie dann selbst in Kurzform in die Sonnenstrahlen hinein.

Diese Übung ist auch durchführbar, ohne dass dabei gezeichnet wird. Jedes Kind bekommt die Gelegenheit, dass alle anderen Kinder im Kreis seine Blumen gießen, indem sie ihm Komplimente machen, danken oder seine positiven Eigenschaften hervorheben.

Eine Lehrerin hat folgende Variante entwickelt: Sie händigt jedem Schüler, jeder Schülerin ein Blatt Papier aus, auf dem alle Namen (auch ihr eigener) auf der linken Seite aufgeführt sind. Jeder Schüler, jede Schülerin schreibt zu jedem Namen einen wertschätzenden Satz. Dann nimmt die Lehrerin die Blätter wieder an sich, schneidet sie auseinander und klebt alle positiven Eigenschaften eines Schülers, einer Schülerin auf ein einziges Blatt, kopiert dieses und gibt es dem oder der Betreffenden. Das ist zwar zeitaufwendig, doch die Lehrerin konnte feststellen, dass sich die Stimmung in der Klasse dadurch ganz entscheidend geändert hat, sehr viel wärmer und offener geworden ist.

UNSERE BUDDHA-NATUR BERÜHREN

Wir wissen, dass in jedem von uns ein Buddha lebt. Dies ist natürlich nicht der Mensch, der vor langer Zeit lebte, sondern die Natur dieses Menschen, das, was ihn ausmacht. Die Buddha-Natur lebt in uns allen. Wie stellt ihr euch die Buddha-Natur vor?

[Glücklich, großzügig, mitfühlend, freundlich, liebend, offen, frei, geduldig usw.]

Wenn die Kinder dabei Hilfe brauchen, können Sie Folgendes vorschlagen:

Denkt an jemanden, den ihr sehr mögt. Seht ihr manchmal die Buddha-Natur in dieser Person? Was tut sie? Wie zeigt sie ihre Buddha-Natur? Es fällt uns meist leicht, die Buddha-Natur in jemandem zu sehen, den wir sehr mögen. Doch die Buddha-Natur ist in jedem, auch in Menschen, die wir überhaupt nicht leiden können. Fällt euch jemand ein, den ihr nicht besonders mögt? Habt ihr jemals erlebt, dass die Buddha-Natur zumindest ein wenig auch bei dieser Person die Nase herausgestreckt hat? Wie sah das aus?
[Die Person hat gelächelt; sie hat mal was Nettes zu einer Freundin von mir gesagt; sie mag meine Katze.]
Warum ist es so wichtig, dass wir uns daran erinnern, nach der Buddha-Natur in uns und in allen, denen wir begegnen, Ausschau zu halten?
[Damit wir uns und andere gut leiden können; damit wir glücklich sein können und wir andere glücklich machen; damit wir alle in Frieden leben.]

Lasst uns jetzt einen Vers lernen, der ausdrückt, wie es uns geht, wenn wir die Buddha-Natur in unseren Freunden und Freundinnen bemerken.

> *»Liebe Freunde, liebe Freundinnen, lasst mich euch sagen,*
> *wie ich mich fühle.*
> *Ihr habt mir einen solchen Schatz gegeben,*
> *ich liebe euch sehr.«*

Worin besteht dieser Schatz? Könnte es die Buddha-Natur unseres Freundes, unserer Freundin sein? Wie finden wir unsere Freunde, wenn sie uns ihre Buddha-Natur zeigen?
[Wir mögen sie sehr; wir sind glücklich; wir sind dankbar.]

Was kann uns helfen, dass unsere Buddha-Natur stärker und schöner wird? Wenn ihr euch hinsetzt und achtsam atmet, wenn ihr achtsam geht und achtsam esst, spürt ihr dann, dass eure Buddha-Natur lebendiger wird? Lasst uns den Vers noch einmal sprechen.

VERBEUGEN

Materialien: Filzstifte

Verbeugen ist eine tiefe Form der Kommunikation. Eine Verbeugung kann ein Hallo bedeuten, ein Dankeschön, ein Auf-Wiedersehen oder eine Entschuldigung. Doch geht es dabei nicht nur darum, höflich zu sein. Verbeugen ist eine Möglichkeit, die Buddha-Natur oder erwachte Natur in jedem von uns anzuerkennen und zu ehren. Wir legen unsere Hände sanft auf der Höhe unseres Herzens zusammen und formen so eine wunderschöne Lotosblüte. Dann schauen wir der Person, vor der wir uns verbeugen wollen, in die Augen und lächeln. Wir sagen still: »Ein Lotos für dich«, während wir einatmen, und beim Ausatmen sagen wir: »künftiger Buddha« und beugen unseren Oberkörper von der Taille aus nach vorne. Dann richten wir uns wieder auf, schauen der anderen Person erneut in die Augen und lächeln. Das ist doch ein Geschenk, das wir leicht machen können, oder? Macht das mal mit einem Freund oder einer Freundin.

Geben Sie jedem Kind genügend Zeit, sich vor einem Freund oder einer Freundin zu verbeugen.

Vielleicht wollt ihr eurem Freund, eurer Freundin oder einem Familienmitglied etwas anderes geben als eine Lotosblüte. Legt eure Handflächen zusammen, schaut dem anderen in die Augen und sagt zu euch selbst: »Ein Apfel für dich, künftiger Buddha« oder »Ein sonniger

Tag, künftiger Buddha« oder »Ein Lächeln für dich, künftiger Buddha«, und verbeugt euch dann.

Lassen Sie jedem Kind genügend Zeit, sich vor einem anderen Kind und vor Ihnen zu verbeugen und das zu »geben«, was es geben möchte.

Wie fühlt ihr euch, wenn ihr euch vor dem Buddha in einem anderen Menschen verbeugt?
[Glücklich, wie wenn ich die Samen des Glücks bei meinem Freund gieße.]
Wie fühlt ihr euch, wenn sich vor euch jemand verbeugt?
[Glücklich; dankbar; gemocht.]
Ihr könnt die Übung des Verbeugens auch in eurer Familie machen.

Lassen Sie die Kinder nun mit den Filzstiften einander einfache Gesichter auf die Daumen malen. Die »Daumen-Menschen« können sich auch respektvoll voreinander verbeugen, miteinander sprechen oder einander etwas vorsingen.

DAS SYSTEM DES ZWEITEN KÖRPERS

Wir erklären den Kindern, dass jeder von uns seinen eigenen Körper hat, doch dass wir nun, mit dem »System des zweiten Körpers«, auch einen zweiten Körper haben. Wir werden auf jemanden in unserer Gruppe so achten, wie wir auch auf uns selbst achten. Wir werden auf unseren zweiten Körper mit Freundlichkeit und Fürsorge Obacht geben. Gehen die Kinder zum Spielen oder zu einer anderen Schulveranstaltung nach draußen, sollen sie darauf achten, dass auch der zweite Körper dabei ist und nicht zurückgelassen wird. Bevor die Klasse irgendwohin geht, kann die Lehrerin zu einem »Zweiter-Körper-Check«

aufrufen. Ist der zweite Körper nicht da, sollte das Kind der Lehrerin mitteilen, wo er ist (vielleicht ist er krank oder auf der Toilette usw.). Auf diese Weise gewöhnt sich jede Schülerin, jeder Schüler daran, Verantwortung für ein anderes Kind zu übernehmen, und auch daran, dass sich jemand um sie oder ihn kümmert.

Ist unser zweiter Körper traurig, krank oder voller Probleme, versuchen wir, ihm zu helfen, oder wir bitten jemand anderen, ihm zu helfen. Hat unser zweiter Körper eine Unterrichtsstunde versäumt, helfen wir ihm, den Stoff nachzuholen. Wir können von Zeit zu Zeit auch kleine Dinge tun, damit unser zweiter Körper glücklich ist, können ihm etwas Schönes abgeben oder ihm unsere Wertschätzung ausdrücken oder ihn mitspielen lassen. Dadurch wird die Atmosphäre in der Klasse familiärer werden.

Wir kümmern uns um jemanden, doch eine dritte Person kümmert sich auch um uns. Wir haben einen zweiten Körper, doch wir sind auch der zweite Körper eines anderen. Wir bilden eine Kette und um jedes Glied kümmert sich jemand. Ist unser zweiter Körper krank oder für eine Weile nicht da, sind wir auch für dessen zweiten Körper verantwortlich, sodass niemand vergessen wird. Sie können dies auch die Übung der Schutzengel nennen. Alle Kinder haben jemanden, den sie beschützen, und auch sie werden von ihrem Schutzengel beschützt. Dieses System hat uns schon bei vielen Ausflügen dabei geholfen, dass niemand vergessen wurde. Es kann, wenn die Kinder es befolgen, eine sehr kraftvolle Lektion über unser aller Verbundenheit sein.

Nachdem Sie das System des zweiten Körpers erklärt haben, fordern Sie ein Kind auf, sich ein anderes als seinen zweiten Körper auszusuchen. Ermutigen Sie es, jemanden zu wählen, den es nicht so gut kennt, doch es sollte auch niemand sein, um den zu kümmern ihm zu große Schwierigkeiten machen würde (vielleicht jemand, in dessen Nähe das Kind in der Klasse sitzt). Dann sucht dieses zweite Kind ein drittes und dieses dritte ein viertes und so weiter, bis am Ende das letzte Kind das Kind, das begonnen hat, wählt. Sollte diese Art der Wahl voraussichtlich zu verletzten Gefühlen führen, nutzen Sie andere Möglichkeiten. Lassen Sie die Kinder die Namen aus einem Hut ziehen. Oder bitten Sie die Kinder, ohne weitere Instruktionen, sich im Kreis aufzustellen. Jedes Kind kümmert sich fortan um das Kind zu seiner Rechten. Ein Schüler, eine Schülerin könnte eine Zeichnung oder ein Bild anfertigen mit der Zweiter-Körper-Kette, das im Klassenraum aufgehängt wird, damit die Kinder sich immer daran erinnern können, wer ihr zweiter Körper ist.

Wenn das bei den Kindern Ihrer Gruppe möglich ist, können diese einen Kreis bilden und jeder massiert dann die Schultern seines zweiten Körpers, während er zur gleichen Zeit seinerseits eine Massage von seinem Schutzengel oder Beschützer bekommt. Das ist eine wunderbare Möglichkeit, Energie zu sammeln und Verbundenheit zu schaffen, bevor man zum Beispiel zu einem Ausflug aufbricht. Die Massagen sollten sanft und mit Achtsamkeit und Respekt vor dem anderen erfolgen.

MANTRAS DER LIEBE

Sie können das Folgende den Kindern vorlesen oder es für sie zusammenfassen:

Mögen wir jemanden sehr, wollen wir ihm gern Dinge geben. Wir backen vielleicht einen Kuchen oder schenken ihm Blumen oder unser Lieblingsspielzeug. Doch das schönste Geschenk, das wir machen können, ist unsere Frische. Wenn ihr einatmet und zu einer Blume werdet und ausatmet und euch ganz frisch und energiegeladen fühlt, ist dies das wundervollste Geschenk.

Stellt euch vor, ihr sagt zu eurer Mutter: »Ich habe ein Geschenk für dich.« Eure Mutter fragt: »Wo ist denn das Geschenk?« Dann zeigt ihr auf euch selbst und antwortet: »Ich bin das Geschenk.« Ihr seid frisch wie eine Blume. Ihr seid fest wie ein Berg. Ihr seid ruhig und friedvoll

wie stilles Wasser. Ihr seid frei wie Raum. Das wollt ihr dem Menschen, den ihr liebt, schenken. Ohne Frische, Festigkeit, ohne Frieden oder Freiheit habt ihr nicht viel anzubieten. Doch sind dies keine Dinge, die ihr im Supermarkt kaufen könntet, wir müssen uns in ihnen üben, damit wir unseren Lieben das wertvollste Geschenk machen können: unsere Gegenwart, in der wir frisch, fest, ruhig und frei sind. Unsere Liebe bedeutet, dass wir für den anderen da sind. Wie könntet ihr lieben, wenn ihr nicht da wärt für ihn?
Wenn ihr einatmet, reichen drei Sekunden, damit ihr euren Geist zurück zu eurem Körper bringt, um für eure Lieben da zu sein. Ihr atmet achtsam ein, werdet ganz frisch und ruhig und dann geht ihr zu eurer Mutter oder eurem Vater und sagt: »Mutter, Vater, ich bin da für euch.« Ihr seid friedvoll und frisch und darum schenkt ihr dem anderen viel Glück: »Mein Geschenk für dich ist meine Gegenwart. Ich kann dir etwas Frische, etwas Festigkeit, etwas Frieden und etwas Freiheit schenken.«

***»Ich bin da für dich«**, ist das **erste Mantra**. Es ist Teil der Achtsamkeitspraxis, denn es hilft euch, im Hier und Jetzt gegenwärtig zu sein und dies euren Lieben zu schenken. Sind die gerade nicht da, könnt ihr sie auch anrufen oder eine E-Mail schicken. Ruft euren Vater im Büro an und sagt: »Vater, weißt du eigentlich, dass ich für dich da bin?« Und da ihr glücklich, liebevoll und ruhig klingt, wird ihn das sehr glücklich machen. Vielleicht möchtet ihr dieses Mantra direkt heute ausprobieren. Macht das ruhig einige Male.*

*Im zweiten Mantra drückt ihr aus, wie kostbar eure Lieben für euch sind. Ihr atmet achtsam ein, und wenn ihr ganz gegenwärtig geworden seid, dann geht ihr zu eurer Mutter, eurem Vater oder zu einem anderen Menschen, den ihr sehr mögt, und sagt: **»Mutter, Vater, ich weiß, dass du da bist, für mich lebendig bist, und ich bin so glücklich.«** Das ist das **zweite Mantra**. Stellt euch einmal vor, was es für euch bedeuten würde, wenn eure Mutter oder euer Vater nicht mehr für euch* *da wäre. Das würde euch sehr wehtun. Das zweite Mantra hilft euch also, wertzuschätzen, dass die Menschen, die euch so am Herzen liegen, da sind. Wenn euch eure Lieben ignorieren oder euch übersehen, fühlt ihr euch nicht geliebt. Sind sie aber achtsam und merken, dass ihr da seid, macht euch das glücklich. Wenn ihr das erste und zweite Mantra heute mit euren Eltern oder anderen Lieben übt, werden die sehr glücklich sein und auch ihr werdet glücklich sein. Probiert es direkt aus.*

Das ***dritte Mantra*** *braucht ihr, wenn es einem eurer Lieben nicht gut geht oder er verärgert ist. Ihr geht in diesem Fall frisch wie eine Blume, friedvoll wie stilles Wasser zu ihm oder ihr hin und sagt:* ***»Liebe Mutter, lieber Vater, liebe/r ..., ich weiß, dass es dir nicht gut geht, und darum bin ich für dich da.«*** *Wenn ihr das sagt, wird es eurer Mutter, eurem Vater sofort etwas besser gehen, denn sie oder er spürt, dass ihr da seid. Eure Mutter, euer Vater fühlt sich nicht mehr so alleine.*

Die ersten beiden Mantras könnt ihr jeden Tag anwenden, das dritte, wann immer ihr mitbekommt, dass es einem eurer Lieben nicht so gut geht.

KALLIGRAPHIE DER DREI MANTRAS

Materialien: Papier, Marker, Kreidestifte oder Wasserfarben und Kalligraphiepinsel mit Tinte, falls die Kinder die Mantras kalligraphieren.

Schreiben Sie die drei Mantras an die Tafel oder auf ein großes Blatt Papier, sodass alle Kinder sie lesen können. Laden Sie die Kinder ein, über die drei Mantras zu diskutieren:

Wann würdet ihr eines dieser Mantras sprechen und zu wem? Hat schon mal jemand zu euch so etwas gesagt? Wie habt ihr euch da gefühlt? Lassen Sie die Kinder zu zweit die Mantras ausprobieren.

Wenn Sie Kalligraphien von Thay oder anderen Künstlern, Künstlerinnen haben, können Sie den Kindern ein paar Beispiele mit unterschiedlichen Schreibstilen zeigen. Fragen Sie:

Was löst es in euch aus, wenn ihr die Kalligraphien anschaut? Warum sind die Worte wohl in dieser Weise geschrieben worden? Was wollte der Künstler, die Künstlerin damit sagen?

Erklären Sie den Kindern, dass es in vielen asiatischen Kulturen die Tradition der Kalligraphie gibt und wie wichtig es ist, wenn wir in unserem Umfeld Worte der Weisheit aufhängen, da sie uns daran erinnern, achtsam zu sein und die Samen des Erwachens in uns zu berühren. Vielleicht laden Sie jemanden ein, der in Kalligraphie bewandert ist und den Kindern einige einfache Techniken zur Kalligraphie als Achtsamkeitspraxis vermitteln kann.
Bitten Sie die Kinder, die drei Mantras in schöner, kunstvoller Weise auf ein Papier zu schreiben. Sie können dabei mit verschiedenen Kalligraphiestilen experimentieren. Ermutigen Sie die Kinder, die Kalligraphien zu Hause aufzuhängen, damit sie sich daran erinnern und sie anwenden können. Hängen Sie Kopien davon auch im Klassenzimmer auf.

ERDBERÜHRUNGEN FÜR KINDER

Materialien: Glocke und Einlader

Die Erdberührungen sind eine von Thich Nhat Hanh entwickelte Übung, die uns hilft, uns mit den unterschiedlichen Aspekten dessen, wer wir sind, zu verbinden: unsere Blutsverwandtschaft und unsere spirituelle Familie; das Land, in dem wir leben, sowie alle Wesen: Tiere, Pflanzen und Mineralien. Die folgende Version für Kinder stammt von Schwester Steadiness und Schwester Swiftness.* Haben Sie einen Altar oder heiligen Ort im Klassenzimmer, bitten Sie die Kinder, sich in diese Richtung tief zu verbeugen. Sehr kraftvoll ist es, diese Übung im Freien durchzuführen und den Erdboden dabei unmittelbar zu berühren. Sie können den folgenden Text einfach vorlesen und beobachten, wie die Kinder reagieren.

Die Erde berühren hilft uns in vielerlei Hinsicht. Es kann euch helfen, eure Verbundenheit mit allem zu berühren, kann euch helfen zu verstehen, dass ihr nicht dieselben seid wie die Erwachsenen, eure Freundinnen und Freunde und alle Lebewesen, aber auch nicht anders als sie. Wenn ihr euch unruhig fühlt oder wenig Selbstvertrauen habt oder wenn ihr wütend oder unglücklich seid, könnt ihr niederknien und die Erde tief berühren. Berührt die Erde, als wäre sie das Liebste, was ihr habt, oder eure beste Freundin, euer bester Freund.

Die Erde gibt es schon sehr lange. Sie ist unser aller Mutter und weiß alles. Kurz vor seiner Erleuchtung oder seinem Erwachen wurde der Buddha von Zweifeln und Ängsten heimgesucht und so bat er die Erde, seine Zeugin zu sein – sie sollte sein Erwachen bezeugen. Die Erde erschien ihm als eine wunderschöne Mutter. In ihren Armen hat-

* Die ursprüngliche Fassung für Erwachsene findet sich u.a. in: Thich Nhat Hanh, *Was du alles für dein Glück tun kannst.*

te sie Blumen und Früchte, Vögel und Schmetterlinge und viele andere Tiere, und sie bot alles dem Buddha dar. Und sofort verschwanden seine Zweifel und Ängste.
Kommt zur Erde, wann immer ihr euch unglücklich fühlt, und bittet sie um Hilfe. Berührt sie so tief, wie der Buddha das tat. Und plötzlich werdet ihr die Erde mit all ihren Blumen und Früchten, Bäumen und Vögeln, Tieren und all den anderen Lebewesen sehen. All das bietet sie euch an.
Es gibt für euch viel mehr Gelegenheiten, glücklich zu sein, als ihr euch vorstellen könnt. Die Erde zeigt euch ihre Liebe und ihre Geduld. Sie sieht, dass ihr leidet, sie hilft und beschützt euch. Wenn ihr sterbt, nimmt sie euch zurück in ihre Arme. Mit der Erde seid ihr ganz sicher. Immer ist sie da, in all ihren wundervollen Ausdrucksformen wie den Bäumen, den Blumen, den Schmetterlingen und dem Sonnenschein. Wenn ihr müde seid oder euch unglücklich fühlt, kann die Übung der Erdberührung euch heilen und euch die Freude zurückbringen.
Wenn wir die Erde berühren, atmen wir ein, legen unsere Handflächen zusammen und berühren damit unsere Stirn und unser Herz. Das tun wir, um Geist und Körper zu vereinigen. Ausatmend nehmen wir unsere Hände wieder auseinander und beugen uns hinunter; entweder knien wir und berühren mit der Stirn den Boden (was auch eine Yoga-Haltung ist) oder wir legen uns mit dem ganzen Körper auf den Boden und drehen den Kopf auf eine Seite. Wir legen unsere Handflächen nach oben, in einer Haltung der Offenheit, Empfänglichkeit und Hingabe. Wir entspannen uns vollkommen und lassen die Worte tief in unseren Geist und unseren Körper hineinsinken. Wir hören zunächst dreimal den Klang der Glocke.

Wecken Sie die Glocke und laden Sie sie dreimal ein, mit einer kurzen Pause zwischen den Klängen. Dann stoppen Sie hörbar den Glockenklang.

Die Erde berührend, sehe ich, dass ich ein Kind dieser Erde bin.

Die Glocke wird einmal eingeladen; die Kinder berühren die Erde.

Die Erde ist wie meine Mutter und mein Vater. Von der Erde empfange ich köstliche Dinge zu essen, wie zum Beispiel Weizen, aus dem man Brot machen kann, Reis, Bohnen, Äpfel und Karotten und sogar Schokolade aus Kakaobohnen. Die Erde gibt uns Baumwolle und Wolle, aus denen unsere Kleidung hergestellt wird, und sie gibt uns Holz und Steine; daraus werden unsere Häuser gebaut. Die Erde sorgt so gut für mich. Ich bin glücklich, auf dieser Erde zu leben.
Ich spüre meinen Körper auf der Erde liegen. Ich fühle meine Arme und meine Beine und mein Gesicht, wie sie den Boden berühren. Ich spüre, dass die Erde stabil ist und mich hält. Ich sehe, dass die Erde voller Pflanzen, Bäume und schöner Blumen ist, was die Luft sauber und rein macht. Wenn ich einatme, kann ich spüren, wie die frische, kalte Luft in meinen Körper fließt. Ich fühle mich ruhig und entspannt. Ich fühle mich glücklich und sicher auf dieser Erde.

Die Glocke wird einmal eingeladen; die Kinder stehen auf.

Die Erde berührend, fühle ich mich mit meinen Eltern verbunden.

Die Glocke wird einmal eingeladen; die Kinder berühren die Erde.

Ich bin das Kind meiner Eltern, selbst wenn ich im Moment vielleicht nicht mit beiden zusammenlebe. Ich sehe meine Mutter und lächle ihr zu. Ich sehe meinen Vater und lächle ihm zu. Ich möchte, dass meine Eltern glücklich sind. Ich möchte, dass sie sicher sind und frei von allen Sorgen.
Manchmal sind die Erwachsenen wütend auf mich und ich fühle mich verletzt. Manchmal sind sie auch so beschäftigt, dass sie keine Zeit für mich haben, und das macht mich traurig. Doch manchmal kümmern sie sich auch um mich und wir spielen und lachen zusammen und haben Spaß miteinander. Meine Familie hat mir viele Dinge beigebracht,

wie zum Beispiel Lesen, Singen, Rechnen oder wie man Kekse backt. Ich bin ihr dankbar. Ich weiß, dass auch meine Eltern einmal Kinder waren und dass auch sie sich traurig und verletzt fühlten, genauso wie ich. Ich weiß, dass sie viele Schwierigkeiten in ihrem Leben hatten, deswegen bin ich ihnen nicht böse.
Ich denke an meine Eltern. Ich spüre ihre Liebe und Unterstützung und fühle mich glücklich. Ich weiß, dass meine Eltern meine Lebendigkeit und mein Lächeln brauchen, um glücklich zu sein.

Die Glocke wird einmal eingeladen; die Kinder stehen auf.

Die Erde berührend, bin ich glücklich, ich selbst zu sein.

Die Glocke wird einmal eingeladen; die Kinder berühren die Erde.

Ich bin ein Mädchen/ein Junge auf diesem Planeten Erde. Manchmal fühle ich mich wie ein kleiner Käfer oder eine Spinne, die glücklich durchs Gras krabbelt. Manchmal fühle ich mich groß wie ein riesiger, alter Baum. Meine Äste reichen bis zum Himmel und meine Wurzeln gehen sehr tief in die Erde, um dort Wasser zu trinken.
Manchmal bin ich glücklich wie der Sonnenschein und ich bringe alle zum Lächeln. Manchmal bin ich traurig und einsam wie ein grauer, regnerischer Tag, und ich will mich nur hinter einem Baum verstecken und weinen. Aber wenn ich weine, sind meine Tränen wie ein kalter Regen an einem heißen Sommertag und danach fühle ich mich frisch und neu.
Ich weiß, dass ich mich immer an die Erde wenden kann, wenn ich mich ängstlich oder traurig oder wütend fühle, und sie wird stets für mich da sein. Die Felsen und Lebewesen, die Pflanzen und Blumen, die Sonne und der dunkle, sternenklare Himmel sind alle für mich da. Ich atme die kalte, frische Erde ein. Ich atme all meine Ängste, all meine Traurigkeit und all meine Wut aus. Ich nehme mich an. Ich nehme mich an, wenn ich glücklich und fröhlich bin, und ich nehme mich ge-

nauso an, wenn ich Schwierigkeiten habe, wenn ich wütend oder traurig bin. Ich lächle mir zu und sehe, dass ich eine wunderschöne Blume auf dieser Erde bin. Ich bin ein Teil dieser Erde und die Erde ist ein Teil von mir.

Die Glocke wird einmal eingeladen; die Kinder stehen auf.

Die Geschichte von Buddha und Mara

Von Schwester Jewel vom Europäischen Institut für Angewandten Buddhismus (EIAB)

Die folgende Geschichte lässt sich auch als Einführung für die Erdberührung nehmen. Sie können den Kindern die Geschichte laut vorlesen:

Der Buddha war ein Mensch, so wie du und ich. Vor seiner Erleuchtung wurde er Siddhartha Gautama genannt, und er lebte vor mehr als 2500 Jahren in Nordindien und Nepal. Er besaß alles, was er sich nur wünschen konnte: einen schönen Palast, Reichtümer, das beste Essen, er konnte Luxusurlaube machen und hatte sehr viel Macht. Aber er war nicht glücklich. Er wusste, dass etwas Wichtiges in seinem Leben fehlte. Er war noch nicht fähig, seinen Geist zu zähmen, er hatte noch nicht gelernt, wie man friedvoll, glücklich und frei ist. Wut, Angst und Verwirrung hinderten ihn daran, wirklich glücklich zu sein. So beschloss er, Mönch zu werden, und er ging in die Wälder, um dort zu leben und zu praktizieren. Nach sechs Jahren der Übung spürte er, dass er der Erleuchtung ganz nahe war. Er fühlte sich immer friedvoller, war sich seiner Gedanken und Gefühle bewusst und fühlte sich mit seinem einfachen Leben immer glücklicher. Und nun war er kurz davor, sein Leiden vollkommen zu durchbrechen und totale Befreiung und Glück zu erlangen. In jener Nacht saß er unter dem Bodhibaum und gelobte, erst dann aufzustehen, wenn er vollständig erwacht war.

Aber für gewöhnlich treffen wir immer dann, wenn wir etwas tun wollen, was uns sehr wichtig ist, auf Herausforderungen. Siddhartha saß also in tiefer Konzentration unter dem Bodhibaum und was glaubt ihr, wer ihn störte? Mara. Mara ist das Gegenteil vom Buddha. Wenn der Buddha Erleuchtung ist, dann muss es auch etwas geben, das nicht Erleuchtung ist. Mara ist die Abwesenheit von Erleuchtung. Wenn der Buddha Verstehen ist, dann ist Mara Missverstehen, und wenn der Buddha liebende Güte ist, dann ist Mara Hass oder Wut. Wenn wir Mara nicht verstehen, können wir auch den Buddha nicht verstehen. Mara ist in jedem von uns, so wie der Buddha in jedem von uns ist. In dieser Nacht war Mara entschlossen, Siddhartha von der Erleuchtung abzuhalten. Er schickte ihm seine schönen Töchter und die besten Musiker, damit sie für ihn spielen und tanzen sollten. Wenn ihr Siddhartha gewesen wärt, hätte Mara euch vielleicht einen Lastwagen voll Eiscreme geschickt oder eure Lieblingsfernsehsendung, euren Lieblingsfilm oder euer Lieblingsvideospiel. Mara kommt in vielen Verkleidungen und wenn wir uns wirklich auf eine Sache konzentrieren wollen (zum Beispiel auf unsere Hausaufgaben), dann lenkt Mara uns vielleicht ab und versucht uns von dem, was wir machen möchten, abzubringen. Aber wisst ihr, was Siddhartha tat? Er blieb einfach friedvoll sitzen, völlig konzentriert auf seinen ein- und ausströmenden Atem.
Wollen wir jetzt auch so schön wie Siddhartha sitzen und still ein- und ausatmen, um ihm zu helfen, Mara zu widerstehen?
Und wisst ihr, was passierte? Die tanzenden Töchter und die Musiker, der Lastwagen voller Eiscreme, die Fernsehsendung, alles verschwand. Das war Maras *erste Herausforderung: Ablenkung und Begehren.*
Aber so leicht gab Mara nicht auf. Als Nächstes schickte er seine Armee von Soldaten zu Fuß und zu Pferd. Alle waren mit scharfen Speeren, mit Pfeil und Bogen bewaffnet. Sie stellten sich in Reihen auf und zielten alle auf Siddhartha. Pfeile und Speere sausten blitzschnell durch die Luft, aber Siddhartha blieb gefestigt und furchtlos. Und, wie erstaunlich, sobald die Speere und Pfeile Siddhartha nahe kamen, verwandelten sie sich in Blumen und fielen zu seinen Füßen nieder!

Lasst uns dreimal ein- und ausatmen, so wie Siddhartha, um ihm dabei zu helfen, ruhig zu bleiben.

Und was denkt ihr, was passierte? Auf diese Weise verschwanden die Soldaten. Denn wenn wir ruhig, friedvoll und mit klarem Geist sind, wenn Liebe in unserem Herzen ist, kann uns die Unfreundlichkeit anderer Leute nicht verletzen. Wir müssen uns davon nicht verletzen lassen, müssen nicht wütend oder traurig werden. Wenn wir wissen, als was wir ihre Pfeile der Gemeinheit, Eifersucht und Ausgrenzung betrachten müssen, nämlich als Ausdruck ihres Nicht-Verstehens, ihres Leidens, dann werden ihre Pfeile uns nicht treffen. Stattdessen werden sie sich in Blumen verwandeln und uns zu Füßen fallen. Das war Maras *zweite Herausforderung: Angst.*

Aber Mara war noch nicht fertig mit Siddhartha, denn wie ihr wahrscheinlich selbst wisst, können die Herausforderungen, denen wir begegnen, immer dann sehr groß sein, wenn wir etwas tun möchten, was uns wirklich sehr wichtig ist. Dieses Mal benutzte Mara seine schlimmste Waffe: den *Zweifel*. Er erschien vor Siddhartha und schrie – die Hände hatte er dabei in die Hüften gestemmt und er schüttelte seinen Kopf: »Wie kommst du darauf, dass du erleuchtet werden könntest? Was glaubst du, wer du bist? Du bist doch ein Niemand!«

Andere so in Selbstzweifel zu stürzen ist eine schreckliche Sache. Wir sollten unser Bestes tun, mit anderen so zu reden, dass wir ihr Selbstvertrauen stärken. Und wisst ihr, was Siddhartha tat, als Mara ihn so prüfte? Er war nicht erschüttert. Er saß ganz ruhig da und berührte mit einer Hand den Erdboden.

Lasst uns das alle einmal tun: Wir lassen eine Hand in unserem Schoß liegen und mit der anderen berühren wir die Erde. Lasst uns dreimal mit Siddhartha atmen, um ihm zu helfen, diese schwierigste aller Herausforderungen zu meistern.

Siddhartha sagte ruhig: »Ich rufe die Erde als meine Zeugin an, dass ich erleuchtet werden kann.« Und in diesem Augenblick bebte die Erde und die Erd-Göttin kam in all ihrer Pracht und Herrlichkeit aus dem Boden hervor. Voller Liebe und Unterstützung legte sie ihre Hand auf Siddharthas Schulter und dann schaute sie mit festem Blick zu Mara und sprach: »Hör auf, Siddhartha so zu belügen. Mara, du irrst dich! Dieser Mönch wird erleuchtet werden und allen Wesen helfen, Frieden und Freiheit zu finden.« Und damit löste Mara sich auf und war ein für alle Mal besiegt.

Und tatsächlich, als der Morgenstern am Himmel erschien, erlangte Siddhartha Erleuchtung und verstand, dass alle Lebewesen die Natur der Erleuchtung besitzen, es aber nicht wissen. Das bedeutet, auch du und ich haben sie. So erinnert uns diese Geschichte daran, dass die Erde immer für uns da ist, bereit, uns zu unterstützen und uns zu helfen, wenn wir Schwierigkeiten haben.

Nun werden wir *Erdberührungen* praktizieren, sodass wir uns mit den Menschen und Dingen verbinden können, die uns immer lieben und unterstützen. Die Erde ist so groß und so mächtig, wir brauchen nur unseren Kopf auf den Erdboden zu legen und uns auszuruhen, komplett zu entspannen, dann werden wir spüren, wie ihre Energie und Stärke in uns hineinfließen. Wann immer ihr euch aufregt, ihr euch allein, ängstlich oder verwirrt fühlt, geht zur Erde. Lasst eure Gefühle in die Erde fließen und öffnet euch für ihre Unterstützung und heilende Energie.

WORAUS BESTEHE ICH?

Materialien: für jedes Kind eine Rolle Papier, die so lang ist, dass der Körper des Kindes von Kopf bis Fuß darauf gezeichnet werden kann; Zeichen- oder Malmaterialien, alte Zeitschriften; Objekte aus der Natur; eventuell Klebstoff, eine Schere.

Mit dieser Übung können Kinder mit Verbundenheit und Intersein näher vertraut werden. Sprechen Sie am Ende der Erdberührungen oder des Neubeginns darüber, woraus wir bestehen, was uns ausmacht und was wir zum Leben brauchen. Die Kinder zählen Dinge auf, die sie mögen, wie zum Beispiel Essen, Musik, Sport, Kunst, Freunde, Orte. Lassen Sie sie darüber nachdenken, wie auch diese Dinge dazu beitragen, wer wir sind.

Bitten Sie die Kinder, sich paarweise zusammenzutun. Jedes Paar legt eine Papierrolle aus und eines der Kinder legt sich darauf. Sie können dann mit der Schere das Papier so abschneiden, dass es etwas länger ist als die Körpergröße. Das andere Kind malt dann mit einem Stift die Umrisse des Kindes, das auf dem Papier liegt, nach. Dann wird getauscht. Nachdem alle Kinder einen Umriss ihres Körpers haben, bitten Sie die Kinder, innerhalb des Umrisses einige Dinge zu malen, die dazu beitragen, wer sie sind: Sonne, Wasser, Erde, Tiere, Pflanzen, Eltern, Essen, Bücher, Spiele usw. Zusätzlich können die Kinder auch Objekte aus der Natur oder Mitgebrachtes von zu Hause hinzufügen oder Bilder aus Zeitschriften ausschneiden und auf ihr Kunstwerk kleben.

Bei einem anderen Kunstprojekt denken die Kinder über die Zeit im Mutterleib nach, in der sie mit der Mutter durch eine Nabelschnur verbunden waren. Nach ihrer Geburt wurde diese Nabelschnur durchtrennt, doch sind sie noch immer mit der Mutter und dem Vater durch eine Art unsichtbarer Schnur verbunden. Und sie sind nicht nur mit Mutter und Vater tief verbunden, sondern auch mit der Sonne, mit Bäumen, Flüssen, mit Tieren und mit der Luft. Ohne Bäume hätten wir keinen Sauerstoff zum Atmen. Ohne Flüsse hätten wir kein Wasser zum Trinken. Tatsächlich verbindet uns eine unsichtbare Nabelschnur mit allem im Kosmos. Lassen Sie die Kinder auf ein DIN-A4-Blatt Bilder von sich als Säugling mit vielen Nabelschnüren malen, durch die sie mit den vielen Dingen verbunden sind, die sie am Leben erhalten. Als Inspiration können Sie die Geschichte von der winzigen Eizelle im Mutterleib vom Beginn des Kapitels vorlesen.

7. Kapitel

Verstehen und Mitgefühl

Ich gelobe, Verstehen zu entwickeln, um in Frieden mit Menschen, Tieren, Pflanzen und Mineralien zu leben. Ich gelobe, Mitgefühl zu entwickeln, um das Leben der Menschen, Tiere, Pflanzen und Mineralien zu schützen.

Dies sind die *Zwei Versprechen*, Achtsamkeitsübungen oder ethische Richtlinien für Kinder. Um zu lieben, brauchen wir Verstehen, denn Liebe besteht aus Verstehen. Wenn ihr einen anderen nicht versteht, könnt ihr ihn auch nicht lieben. Meditation bedeutet, tief zu schauen, um die Bedürfnisse und das Leid einer anderen Person zu verstehen. Fühlt ihr euch verstanden, fühlt ihr euch von Liebe durchdrungen. Es ist ein wundervolles Gefühl. Wir alle brauchen Verstehen und Liebe.

Menschen mögen die unterschiedlichsten Dinge tun. Stellt euch vor, ihr wollt mit einem Freund, einer Freundin nach der Schule etwas zusammen machen. Der Freund, die Freundin will Tennis spielen und ihr wollt lesen. Doch weil ihr wollt, dass der andere glücklich ist, legt ihr das Buch beiseite und spielt Tennis. Wenn ihr so handelt, drückt ihr damit euer Verstehen aus. Durch euer Verstehen schenkt ihr dem anderen Freude. Wenn ihr ihn glücklich macht, werdet auch ihr glücklich. Das ist ein Beispiel dafür, wie wir uns in Liebe und Verstehen üben können.

Wann immer ihr diese beiden Versprechen oder Gelöbnisse sagt, fragt euch: »Habe ich etwas gelernt, seitdem ich diesen beiden Gelöbnissen folge? Habe ich versucht, mich in diesen Gelöbnissen zu üben?« Ich erwarte kein Ja oder Nein auf diese Fragen. Selbst wenn ihr etwas gelernt habt und euch bemüht habt, die Gelöbnisse umzusetzen, ist das nicht genug. Am besten öffnet ihr euch für diese Fragen und lasst sie tief in euch hineinsinken, während ihr ein- und ausatmet. Seid einfach offen für diese Fragen und sie werden dann still in euch zu wirken beginnen.

Verstehen und Liebe sind die beiden wichtigsten Lehren des Buddha. Bemühen wir uns nicht darum, offen für andere Menschen zu sein, um ihr Leiden zu verstehen, werden wir sie nicht lieben und in Harmonie mit ihnen leben können. Wir sollten auch versuchen, das Leben der Tiere, Pflanzen und Mineralien zu schützen und harmonisch mit ihnen zu leben. Ohne Verstehen können wir nicht lieben. Der Buddha lehrt uns, Lebewesen mit den Augen der Liebe und des Verstehens zu betrachten. Es ist wichtig, dass wir lernen, wie wir diese Lehre umsetzen können.

In unseren Retreats haben die Kinder die Möglichkeit, die Zwei Versprechen in einer formalen Zeremonie zu empfangen, unmittelbar bevor die Erwachsenen die Fünf Achtsamkeitsübungen empfangen. Bevor die Kinder dies tun, werden sie gebeten aufzuschreiben, warum sie die Zwei Versprechen empfangen wollen und was ihre tiefsten Wünsche dabei sind.

SICH ÜBER DIE ZWEI VERSPRECHEN AUSTAUSCHEN

In jedem Retreat tauschen wir uns darüber aus, wie die beiden Versprechen den Kindern in ihrem Leben helfen können. Um zu erforschen, was VERSTEHEN bedeutet, fragen wir:

- *Was bedeutet Frieden für euch?*
- *Wie können wir andere Menschen verstehen und in Frieden mit ihnen leben?*
- *Und wie ist es mit den Tieren?*
- *Und mit den Pflanzen und der Erde?*

Die Kinder werden über Situationen in ihrem Leben nachsinnen, die sie wirklich erlebt haben oder gerade erleben. Wenn den Kindern wenig einfällt, können wir Beispiele aus unserem eigenen Leben geben, um damit die Bedeutung der Qualitäten von Verstehen und Mitgefühl zu illustrieren. Es ist gut, ein paar Geschichten parat zu haben, wenn Sie über dieses Thema sprechen. Wir können uns auch darüber austauschen, wie wir uns besser um unsere Umwelt und die Erde kümmern und sie schützen können. Die Kinder haben dazu oft viele Ideen.

Wir fahren dann damit fort, die Bedeutung von MITGEFÜHL zu erforschen.

- *Mag uns jemand erzählen, was Liebe für ihn bedeutet?*
- *Was tut ihr, um anderen eure Liebe zu zeigen, zum Beispiel eurer Mutter oder eurem Vater, aber auch eurer Katze, eurem Hund oder Pflanzen?*
- *Wie können wir die beschützen, die wir lieben? Und das schließt auch Tiere, Pflanzen und die Erde ein.*
- *Wie können wir unseren Freunden und Freundinnen am besten zeigen, dass wir sie mögen? Wie zeigen uns andere ihr Verstehen und ihr Mitgefühl?*

Die Kinder haben vielleicht Lust, Bilder zu malen, in denen sie ihr Verstehen und ihr Mitgefühl ausdrücken. Sinnvoll ist es auch, im Klassenzimmer oder einem sonstigen Raum ein Poster mit den Zwei Versprechen aufzuhängen, damit die Kinder sich stets daran erinnern können. Das Poster kann von den Kindern auch hübsch verziert werden.

Die Mücken-Frage

Kind: Thay, die Mücken hier stechen mich so oft, und ich will, dass sie damit aufhören. Kann ich jeden Tag ein paar umbringen?

Thay: Wie viele willst du denn umbringen?

Kind: Eine.

Thay*:* Glaubst du das reicht?

Kind: Ja.

Thay: Als kleiner Junge hatte ich auch diese Frage. Später habe ich gelernt, dass eine Mücke zum Leben Nahrung braucht. Eine Mücke versucht ständig, an Nahrung heranzukommen. Sie ist wie wir. Wenn wir hungrig sind, suchen wir uns auch etwas zu essen, das ist ganz natürlich. Ich denke, es gibt Möglichkeiten, wie wir uns davor schützen können, von Mücken gestochen zu werden. In Vietnam schläft jeder nachts unter einem Moskitonetz. Wenn nicht, muss man sich die ganze Nacht der Mücken erwehren und sie umbringen. Nicht nur eine – denn hast du eine getötet, kommt schon die nächste. So könnt ihr die ganze Nacht damit zubringen, sie zu töten. Sie umzubringen ist also keine Lösung. Besser, man nimmt ein Moskitonetz.

Wenn ich manchmal sehe, wie eine Mücke auf mir landet, mache ich mit meiner Hand eine Art Sturm und die Mücke fliegt weg. Ich tue das ohne jeden Ärger; ich hindere die Mücke nur daran, mich zu stechen.

Geschichten über Verbindungen zu Tieren

Die beiden folgenden wahren Geschichten können Sie den Kindern vorlesen und sich im Anschluss über die Zwei Versprechen austauschen und darüber, wie wir die Tiere besser schützen.* Laden Sie die Kinder ein, ihre eigenen Tiergeschichten zu erzählen.

Ein Bodhisattva aus Paris

Malakoff, ein sehr großer Neufundländer, war der Wachhund eines Pariser Juweliers. Einer der Lehrlinge des Juweliers, er hieß Jacques, hasste den Hund, der vielleicht spürte, dass der junge Mann nicht ganz vertrauenswürdig war. Jacques beschloss, den Hund zu töten.

Mit ein paar anderen Kumpanen führte er den Hund zur Seine, band ihm einen Stein um den Hals und schmiss ihn in den reißenden Fluss. Malakoff kämpfte um sein Leben und versuchte, ans Ufer zu kommen. Er schwamm so kraftvoll, dass er es sogar mit dem Stein fast geschafft hätte. Dann sah er sich um und erkannte, dass sein Angreifer Jacques selbst ins Wasser gefallen war und zu ertrinken drohte. Jacques schnappte nach Luft, doch konnte er nicht schwimmen und ging unter. Der Hund, der das mitbekam, schwamm zu Jacques zurück. Ungeachtet des schweren Gewichts um seinen Hals schwamm er hechelnd und unter größter Anstrengung zu der Stelle, wo sein Mörder um sein Leben kämpfte. In seiner Verzweiflung krallte sich der Mann in Malakoffs Fell fest. Bei der heftigen Gegenströmung war der Hund aber nun fast zu schwach, um den Mann ans Ufer zu bringen. Doch er kämpfte mit aller Kraft und strampelte, um nicht mit dem steinernen Gewicht und dem in Panik geratenen Mann unterzugehen. Er schaffte es, Jacques über Wasser zu halten, bis dann schließlich andere kamen und ihn retteten.

Als Mann und Hund sicher am Ufer waren, schlang der Lehrling voller Reue seine Arme um den großen Neufundländer, weinte und bat seinen Retter um Vergebung.

* Aus Stephanie Laland, *Peaceful Kingdom, Random Acts of Kindness by Animals.* Newburyport, MA: Conari Press 2008.

Die Geschichte des heroischen Hundes verbreitete sich in ganz Paris. Malakoff wurde zu solch einem Symbol des Wagemuts, dass bei seiner Beerdigung fast alle Lehrlinge von Paris der Prozession folgten.

Der gute Samariter Delfin

Im Juni 1971 segelte Yvonne Vladislavich auf einer Yacht mitten im Indischen Ozean, als das Schiff plötzlich explodierte und rasch sank. Sie war in einer vollkommen hoffnungslosen Situation, weit von irgendwelchen Schifffahrtsrouten entfernt und ganz auf sich allein gestellt, ohne Aussicht auf Rettung.
Verzweifelt und den sicheren Tod vor Augen, versuchte sie sich durch Wassertreten oben zu halten. Dann sah sie, wie drei Delfine auf sie zuschwammen. Zu ihrem Erstaunen spürte sie, wie der eine unter sie tauchte und sie mit seinem eigenen langen Körper über Wasser hielt. Dankbar hielt sie sich an dem geschmeidigen weichen Delfinkörper fest. Die anderen beiden Delfine umkreisten sie, um sie vor Haien zu schützen.
Viele Stunden lang trugen und beschützten die Delfine sie auf diese Weise im warmen Gewässer, bis sie schließlich eine Boje erreichten. Dort ließen die Delfine sie zurück und sie wurde dann von einem vorbeikommenden Schiff gerettet.
Es stellte sich heraus, dass die Delfine sie von der gesunkenen Yacht bis zu der Boje fast 400 Kilometer durch gefährlichstes Gewässer gebracht hatten.

DAS ZWEI-VERSPRECHEN-ÜBUNGSBLATT

Die Kinder können ihr eigenes Übungsblatt gestalten und dabei die nachfolgenden Texte zu Hilfe nehmen.

Das erste Versprechen

Ich gelobe, **Verstehen** zu entwickeln, um in Frieden zu leben mit:

Schreibt den Namen einer Person auf oder zeichnet ein Bild von ihr.	Schreibt den Namen eines Tieres auf oder zeichnet ein Bild von ihm.
Schreibt den Namen einer Pflanze auf oder zeichnet ein Bild von ihr.	Schreibt den Namen eines Minerals oder eines für euch wichtigen Ortes auf – wie euer Garten, der Schulhof, ein Park oder der Strand.

Das zweite Versprechen

Ich gelobe, **Mitgefühl** zu entwickeln, um das Leben zu schützen von:

Schreibt den Namen einer Person auf oder zeichnet ein Bild von ihr.	Schreibt den Namen eines Tieres auf oder zeichnet ein Bild von ihm.
Schreibt den Namen einer Pflanze auf oder zeichnet ein Bild von ihr.	Schreibt den Namen eines Minerals oder eines für euch wichtigen Ortes auf – wie euer Garten, der Schulhof, ein Park oder der Strand.

FRAGEN ZUM NACHDENKEN

- *In welchen Handlungen haben sich in diesen beiden Geschichten Verstehen oder Mitgefühl ausgedrückt?*
- *Wie konnte es, glaubt ihr, den Delfinen gelingen, zur rechten Zeit am rechten Ort zu sein, um die Frau zu retten?*
- *Warum, meint ihr, wollten die Tiere in diesen Geschichten Menschen helfen, ohne sie zu kennen, und sogar jemandem, der ihnen schaden will?*
- *Kennt ihr irgendwelche wahren Geschichten, wie Tiere Menschen oder anderen Tieren geholfen haben?*
- *Wie können wir die Tiere in unserer Umgebung schützen?*

ACHTSAMES ESSEN

ESSEN MIT MITGEFÜHL

Durch unser Essen und Trinken tun wir uns und der Welt oft viel Gewalt an. Wenn wir nicht wissen, wie wir achtsam essen können, fügen wir unserem Körper und unserem Bewusstsein leicht viele Giftstoffe und viel Gewalt zu. Auch Lesen und Fernsehen können sehr viel Gewalt beinhalten. Darum müssen wir lernen, achtsam zu konsumieren. Achtsamkeit kann uns leiten und unseren Körper, unseren Geist und den kollektiven Körper, das kollektive Bewusstsein unserer Familie und aller Wesen auf diesem Planeten schützen. Wir können uns mit unserer Familie zusammensetzen und darüber sprechen, wie wir Gewaltlosigkeit in unserem täglichen Leben – in unserem Essen, Trinken, unserer Unterhaltung – zum Ausdruck bringen.

Essen und Trinken kann ein sehr spiritueller Akt sein. Wir sollten in einer Weise essen, dass wir unser Verstehen und unser Mitgefühl nähren und nur Nährendes, Heilendes unserem Körper zufügen. Wir sollten so essen, dass die Energie des Mitgefühls in uns entsteht und wächst. Das ist eine sehr tiefe Übung. Wenn wir in Plum Village eine Teezeremonie organisieren oder eine Limonaden-Meditation für die Kinder, ist das Tee- oder Limonade-Trinken im Geist von Brüderlichkeit, Schwesterlichkeit, Freude und Harmonie, eine tiefe spirituelle Handlung.

Bei unseren Retreats lesen die Kinder gern die Verse zur Essensbetrachtung der ganzen Gemeinschaft laut vor, bevor wir zu essen beginnen. Und sie tun dies auch sehr gern zu Hause oder in der Schule vor dem Essen. Beim Lesen deutet das Kind auf jede Speise und sagt der Gemeinschaft vielleicht etwas über deren Ursprung – ob bei ihrer Herstellung viele Lebewesen zerstört wurden oder ob dabei Harmonie und Mitgefühl wachsen konnten.

Wir müssen mit Achtsamkeit und Urteilsvermögen essen, um klar zu sehen und unser Mitgefühl lebendig zu halten. Ich habe in meinem Leben gelernt, dass jemand ohne Mitgefühl nicht glücklich sein kann. Ohne die Energie, die man Mitgefühl nennt, sind wir von der Welt abgeschnitten. Wir sind dann nicht mit anderen Lebewesen in Berührung. Also essen wir in einer Weise, die Mitgefühl ermöglicht. Durch unser Bewusstsein für die Bedürfnisse der Natur und der Lebewesen sind wir imstande, unsere Nahrung so herzustellen und zu essen, dass das Leben in uns und um uns herum immer noch möglich ist. Wenn wir tagtäglich mehr über diese Zusammenhänge lernen, werden wir unser Frühstück so zu uns nehmen, dass unser Mitgefühl wächst und unsere Wut schwindet.

Betrachtungen zum Essen

Diese Nahrung ist das Geschenk des ganzen Universums:
der Erde, des Himmels, des Regens und der Sonne.
Wir danken all den Menschen, die diese Nahrung hergestellt haben,
besonders den Bauern, den Verkäufern und Verkäuferinnen auf
dem Markt und den Köchinnen und Köchen.
Wir nehmen nur so viel auf unseren Teller,
wie wir essen können.
Wir wollen die Nahrung langsam kauen,
damit wir sie genießen können.
Wir wollen so essen, dass unser Mitgefühl genährt wird,
wir andere Lebewesen und unsere Umwelt schützen
und den Prozess der globalen Erwärmung umkehren.
Diese Nahrung gibt uns die Energie,
liebevoller und verständnisvoller sein zu können.
Wir essen diese Nahrung, um gesund und glücklich zu sein
und einander als Familie zu lieben.

DIE SNACK-MEDITATION

Materialien: fertiger Snack, Tablett oder Schale, Servietten, ein Glas Apfelsaft oder Wasser für jedes Kind, Glocke und Einlader

Es ist sehr wichtig, dass die Kinder gesunde Zwischenmahlzeiten bekommen wie frische oder getrocknete Früchte, Nüsse, Brezeln, Cracker oder Vollkornplätzchen (ohne künstliche Zusatzstoffe oder zu viel Zucker). Wasser oder Saft kann aus wiederverwendbaren Tassen oder Gläsern getrunken werden, um zu viel Abfall zu vermeiden. Die Kinder sollten nach der Übung möglichst ihre Tasse oder ihr Glas selbst abspülen können.
Legen Sie den Snack und die Servietten auf ein Tablett oder in eine Schale. Nachdem das Tablett oder die Schale an alle durchgereicht wurde, verteilen Sie den Saft oder das Wasser.

Wir haben nun die Gelegenheit zur Snack-Meditation. Wenn das Tablett rumgeht, haltet es so, dass ihr das Kind neben euch bedienen könnt. Während ihr das Tablett haltet, verbeugt sich euer Sitznachbar, nimmt eine Serviette und den Snack, verbeugt sich dann erneut, legt dann beides auf den Boden und nimmt das Tablett, um es für seinen Sitznachbarn zu halten usw.
Schaut euch dabei in die Augen und freut euch an der Gegenwart des anderen, wenn ihr ihn bedient. Bitte wartet mit dem Essen und Trinken, bis alle ihren Snack bekommen haben. Wir werden in Stille sitzen, damit wir wirklich unser Essen schmecken und genießen können.

Nachdem alle bedient worden sind, bitten Sie ein Kind, die Glocke einzuladen.

Lasst uns nun zusammen beginnen und uns daran freuen, im Schweigen zu essen und zu trinken.

Sie können das Tablett mit den Snacks nun eventuell noch ein zweites Mal herumgeben.

Lasst uns tief in dieses Essen hineinschauen. Wie geht es euch damit, so in Ruhe zu essen?
[Es ist komisch. Ich find das gut. Es ist lustig.]
Was ist anders daran, als wenn wir vor dem Fernseher essen oder Musik dabei hören oder unsere Schularbeiten machen?
[Ich genieße das Essen so mehr.]
Was gefällt euch an dem Snack?
Welcher Teil des Snacks brauchte wohl am längsten zum Wachsen?
Welches Essen hatte den weitesten Weg zu uns?
Schmeckt ihr die Sonne im Essen? Was schmeckt ihr noch?
[Den Regen, den Lastwagenfahrer, den Wurm, der die Erde auflockerte.]
All das ist also Teil unseres Snacks und unseres Saftes … und sie werden ein Teil von uns, wenn wir sie essen und trinken.
Lasst uns mal unseren Apfelsaft anschauen. Wie lange braucht ein Apfel, um zu wachsen?
[Vom Frühling bis zum Herbst, ein paar Monate.]
Ja, man kann sagen, dass ein Apfel nur einige Monate braucht, um von der Blüte zur Frucht heranzureifen, doch vorher muss der Baum erst mal einige Jahre wachsen. In seinem ersten Jahr kann ein Baum noch keine Früchte tragen. Man kann also sagen, dass der Apfel einige Jahre alt ist und nicht nur einige Monate.
Und bevor der »Mutterbaum« da war, gab es den »Großmutterbaum«, von dem er abstammt; wir können also sagen, der Apfel ist so alt wie der Großmutterbaum, und so gehen wir dann immer weiter zurück bis zum ersten Apfel.
Tatsächlich ist der Apfel, den wir essen, Tausende von Jahren alt! Wenn wir das so sehen, müssen wir zugeben, dass es etwas ganz Besonderes ist, ein Stück Apfel zu essen. Und nach all den vielen Jahren, essen wir es in Sekundenschnelle.

Da der Apfel so lange gebraucht hat, um zu uns zu kommen, wäre es nett, wenn wir uns die Zeit nehmen, ihn zu genießen. Und wir können lernen, alles auf diese Weise zu essen.

Wenn wir diese Art des Essens als eine Art Ritual einführen und regelmäßig wiederholen, gewöhnen sich die Kinder mit der Zeit daran und warten sogar darauf. Es bedeutet eine Ruhepause am Tag, eine Zeit, in der wir unser Zusammensein und unsere Konzentration erleben. Wenn die Kinder gefragt werden, was sie am Kinderprogramm am meisten mögen, sagen manche: die Snack-Meditation!

ROSINEN-MEDITATION

Materialien: eine Rosine oder ein mundgerechtes Stück Obst für jedes Kind; Glocke und Einlader

Es gibt viele Meditationsformen. Jetzt haben wir die Gelegenheit zu einer Rosinen-Meditation.

Verteilen Sie nun die Rosinen an die Kinder. Jedes sollte eine Rosine bekommen, die aber noch nicht essen.

Bitte haltet die Rosine in euren Fingern. Riecht an ihr. Seht, welche Farbe sie hat. Spürt ihre Beschaffenheit. Schließt nun die Augen, während ich die Glocke einlade, einmal zu erklingen.

Wecken Sie die Glocke auf und laden Sie sie ein.

Lasst eure Augen weiter geschlossen und esst nun ganz langsam und in Schweigen die Rosine. Achtet auf alle Empfindungen. – Pause – *Be-*

merkt, wo ihr sie auf eurer Zunge schmeckt. – Pause – *Achtet darauf, wie es sich anfühlt, wenn sie zwischen euren Zähnen ist und ihr sie dann runterschluckt. Könnt ihr sie in eurem Magen spüren?*

Wenn die Kinder die Rosine verspeist haben, können Sie einen weiteren Glockenklang einladen.

Öffnet jetzt bitte eure Augen. Was habt ihr bemerkt? Wie war es, etwas so langsam voller Aufmerksamkeit zu essen? Wie unterscheidet sich das von unserer sonstigen Art zu essen? Nun, da wir die Rosine gegessen haben, was ist jetzt aus ihr geworden? Wohin ist sie gegangen? Aus welchen Dingen besteht eine Rosine?

Schreiben Sie alle Antworten vorne an die Tafel. Helfen Sie den Kindern, die Natur der wechselseitigen Verbundenheit, des Interseins der Rosine zu erkennen – sie besteht aus Regen, Wolken, Sonnenschein, den Menschen, die sie gepflückt haben. Leiten Sie die Kinder dann an, in unsere eigene Natur der wechselseitigen Verbundenheit, des Interseins zu schauen, indem Sie fragen:
Und was ist mit uns? Woraus bestehen wir?
Schreiben Sie auch diese Antworten an die Tafel.
[Wir bestehen aus unseren Eltern; aus der Nahrung, die wir zu uns nehmen; den Büchern, die wir lesen; der Luft, die wir atmen; dem Wasser, das wir trinken.]
Untersucht mal, in wie vielfältiger Weise wir und die Rosine miteinander verbunden sind.

Laden Sie die Kinder ein, ein Gedicht über die Rosine zu schreiben und dabei die Worte von der Tafel zu benutzen.

ICH BIN IN DIR UND DU BIST IN MIR (HAFERFLOCKEN-KAROTTEN-JOHANNISBROT-ROSINEN-BÄLLCHEN)

Zutaten: eine Tasse Haferflocken, eine Tasse zerkleinerte Karotten, eine halbe Tasse Johannisbrot-/Kakao-Pulver, eine halbe Tasse Rosinen, Apfelsaft, fein gemahlene Nüsse jeder Art (optional), Kokosflocken

Als Erstes müssen wir unsere Hände waschen. Es gibt zwei kurze Gedichte, die wir währenddessen sagen können.

Lesen Sie die Gathas vor, während sich die Kinder die Hände waschen.

Den Wasserhahn aufdrehen
Das Wasser fließt von den Bergen hoch oben.
Das Wasser fließt tief in der Erde.
Wunderbarerweise kommt es zu uns
und erhält alles Leben.

Die Hände waschen
Das Wasser fließt über diese Hände.
Möge ich sie geschickt nutzen,
um unseren kostbaren Planeten zu schützen.

Schälen und zerkleinern Sie die Karotten. Verrühren Sie alle trockenen Zutaten, außer den Kokosflocken. Fügen Sie so viel Apfelsaft dazu, dass der Teig zusammenhält, von fester Konsistenz, aber nicht zu trocken ist. Formen Sie daraus Bällchen. Streuen Sie die Kokosflocken auf eine Platte. Rollen Sie dann einige Bällchen in den Flocken, bis sie vollkommen mit Flocken bedeckt sind. Bieten Sie einige mit und einige ohne Kokosflocken an.

Wenn Sie mögen, können Sie die Bällchen natürlich auch zusammen mit den Kindern herstellen. Teilen Sie ihnen Aufgaben zu und leiten Sie sie an.

Könnt ihr eine Wolke in den Bällchen sehen? Könnt ihr einen großen Lastwagen sehen? Könnt ihr viele verschiedene Menschen in diesen Bällchen sehen? Wenn ihr tief genug schaut, könnt ihr all diese Dinge sehen – und alles andere auch! Lasst mich euch dabei helfen! Woraus bestehen Haferflocken?
[Aus Hafer.]
Woher kommt der Hafer?
[Aus einer Getreidepflanze.]
Was braucht die Pflanze zum Wachsen?
[Luft, Wasser, Erde, Licht.]
Woher bekommt die Getreidepflanze das nötige Wasser, um zu wachsen?
[Vom Regen.]
Woher kommt der Regen?
[Aus einer Wolke.]
Aha, das bedeutet ja, dass in unseren Bällchen Wolken sind, nicht wahr? Wir könnten diese Bällchen gar nicht haben, wenn es keine Wolken gäbe, oder? Ich sehe auch einen großen Lastwagen in unseren Bällchen. Seht ihr ihn auch? Könnt ihr erklären, wie er da reingekommen ist?

Akzeptieren Sie alle Antworten, die Intersein zeigen; zum Beispiel: »Lastwagen bringen die Nüsse vom Bauernhof in die Geschäfte.«

Was seht ihr noch in unseren Bällchen?

Die Frage kann zu einer sehr lebendigen Diskussion führen. Es gibt natürlich nichts, was nicht in den Bällchen wäre, von daher sind alle Antworten richtig.

[Ich sehe Brasilien, denn daher kommt der Kakao. Ich sehe den Bauern, der die Äpfel gepflückt hat. Ich sehe die Verkäuferin, die die Karotten eingepackt und verkauft hat.]

Setzen Sie dieses Gespräch so lange fort, bis keine Vorschläge mehr kommen oder bis jemand erkennt, dass jeder und alles in jedem und allem ist, dass Alles in Einem ist.

Warum ist es so wichtig zu wissen, dass jeder und alles Teil von allem anderen ist? Warum müssen wir den Lastwagen und die Wolke und alle Menschen und all die anderen Dinge, einschließlich uns selbst, in unseren Bällchen und in jedem von uns erkennen?
[Damit wir uns daran erinnern, auf alles achtzugeben. Damit wir uns nicht einsam fühlen. Damit wir alle Menschen mögen.]

INTERSEIN ZEICHNEN

Materialien: Papier, Zeichen- oder Malutensilien

Malen oder zeichnen Sie entweder selbst oder in der Gruppe in die Mitte eines großen Blatts Papier ein Plätzchen, einen Apfel, eine Rosine oder andere Kleinigkeiten, die Sie regelmäßig zusammen essen. Die Kinder malen oder zeichnen darum herum all die Dinge, die diese Nahrung erst ermöglichen: Sonne, Regen, Erde, Pflanzen, Bauern, Tiere usw. Hängen Sie das Blatt im Klassenzimmer oder einem anderen Raum auf als Erinnerung an die Natur des Interseins aller Nahrung, die wir essen.

8. Kapitel

Kooperative Spiele und die Natur genießen

Es ist möglich, schon ganz kleine Kinder mit Achtsamkeit vertraut zu machen. Wir können ihre Aufmerksamkeit auf etwas Schönes, Erfrischendes und Heilendes lenken. Wenn wir wirklich achtsam und auf etwas konzentriert sind, werden uns die Kinder darin folgen und auch aufmerksam dafür sein.

Kinder sind durchaus imstande, die Schönheit einer Blume, eines Tautropfens oder eines Regenbogens zu sehen. Für Kinder ist es leichter als für Erwachsene, im gegenwärtigen Moment zu sein. Sie denken nicht so viel über die Zukunft oder die Vergangenheit nach, wie wir das tun, und das macht es uns leicht, ihre Aufmerksamkeit auf etwas Gegenwärtiges zu lenken. Vielleicht nehmen Sie das Kind bei der Hand und lenken seine Aufmerksamkeit auf Ihre nun miteinander verbundenen Hände. Ihre Hand wird sicher recht groß sein und die Hand des Kindes sehr klein. Sie und das Kind können sich daher auch einfach daran erfreuen, Ihrer beider Hände zu betrachten.

Ein zentraler Punkt in jedem Kinderprogramm sind Spiele. In unseren Praxiszentren liegt die Betonung darauf, was wir durch Spiele in den Kindern nähren – Freude, Spaß, Zusammensein, Leichtigkeit und Austausch. Keine Rolle spielen Gewinnen und Verlieren oder Wettbewerb und Konkurrenz. Zu Beginn versammeln wir die Kinder und erklären

ihnen, dass der Zweck des Spiels darin liegt, Spaß zu haben, unsere Talente zu entwickeln und uns zu freuen, beisammen zu sein.
Bei der Vorbereitung sollten Sie eine Aktivität auswählen, die Ihnen gefällt und die mit dem Energielevel der Kinder zu dieser Tageszeit korrespondiert. Seien Sie flexibel und bereiten Sie drei oder vier mögliche Aktivitäten vor, selbst wenn Sie später nur eine machen. Dann können Sie nämlich die für die konkrete Situation angemessenste aussuchen. Zögern Sie auch nicht, Aktivitäten an die Bedürfnisse der Gruppe anzupassen. Vorrang sollten bei jeder Aktivität die Kinder und ihre Bedürfnisse haben. Manchmal sind sicher auch tiefes Zuhören, liebevolles Sprechen, Freundlichkeit und Fürsorge besser als ein Spiel.

KOOPERATIVE SPIELE

NAMENSSPIELE

Materialien: kleiner Ball

Heiße Kartoffel: Gehen Sie im Kreis herum und bitten Sie alle, ihren Namen zu sagen. Zeigen Sie dann einen Ball und sagen Sie, er sei eine heiße Kartoffel. Sagen Sie nun Ihren Namen und werfen Sie den Ball so schnell wie möglich jemand anderem zu. Die Person, die ihn fängt, sagt auch ihren Namen und wirft den Ball dann ebenfalls schnell weiter. Sobald jeder einmal dran gewesen ist, machen Sie das Spiel etwas schwieriger, indem Sie den Namen der Person sagen, der Sie den Ball zuwerfen; diese wirft den Ball ihrerseits an jemanden weiter, dessen Namen sie sagt. Sorgen Sie dafür, dass jeder einmal drankommt.

Gedächtnisspiel: Gehen Sie im Kreis herum und sagen Sie dabei Ihren Namen und etwas, das Sie mögen und das mit dem gleichen Buchstaben beginnt wie Ihr Vorname. (Beispiel: Ich heiße Sabine und ich mag Schokolade.)
Machen Sie das nun als Gedächtnisspiel, bei dem jede Person in ihrem Beitrag auch alle Namen und Vorlieben der vorangegangenen Personen aufzählt. (Beispiele: Ich heiße Elisabeth und ich mag Eis. Er heißt Fritz und er mag Fahrradfahren. Sie heißt Nadine und sie mag Nutellabrötchen.)

IMAGINÄRER BALL

Die Kinder stehen in einem Kreis. Sie haben einen imaginären Ball, einen Energieball, der die Macht hat, alles zu sein, was sie wollen. Das Kind, das beginnt, hält den Ball in den Händen und verwandelt ihn durch Bewegungen und Gesten in das Gewünschte (Beispiele: ein Instrument spielen, Sport treiben, ein Tier sein; das tun, was das Kind am liebsten tut). Dabei darf das Kind nicht sprechen. Dann verwandelt das Kind den Energieball wieder in einen ganz normalen Ball in seinen Händen und wirft ihn einem anderen Kind im Kreis zu, das den Ball »fängt« und ihn seinerseits in etwas verwandelt, was es mag. Das Spiel geht so lange weiter, bis alle einmal drangekommen sind. Das gesamte Spiel erfolgt im Schweigen. Wir agieren durch Gesten, nicht durch Worte.
Nachdenken: *Wie war das, den »Ball« eines anderen zu »fangen« und ihn dann in die eigene Aktivität zu verwandeln?*

FAMILIENPORTRÄT

Durch dieses Spiel können wir die Familien der anderen besser kennenlernen. Die Kinder sollen sich an den glücklichsten Moment, den sie mit ihrer Familie erlebt haben, erinnern und ein Bild davon vor ihrem geistigen Auge entstehen lassen. Dann sollen die Kinder mithilfe der anderen nacheinander diese Fotos »nachbauen«. Ein Kind beginnt und sucht sich eines aus, das seine Mutter, und eines, das sein Vater sein soll. Dazu kommen noch andere, die seine Geschwister sein sollen, und noch eines, das das Kind selbst auf diesem Foto darstellt. Jedes Kind nimmt eine Position ein, die ausdrückt, was diese Person im Moment der Aufnahme getan hat. Ist das Foto vollständig, kann das Kind der Gruppe erzählen, was sein glücklichster Augenblick mit der Familie war. Sorgen Sie dafür, dass alle drankommen.
Nachdenken: *Wie war das für euch, verschiedene Familienmitglieder zu spielen? Und wie war es zu erleben, wie eure Familie von den anderen Kindern gespielt wurde?*

MURMELROLLE

Materialien: leere Papierrolle oder Toilettenpapierrolle für jedes Kind, eine Murmel für die ganze Gruppe

Die Kinder stehen dicht beieinander in einer Reihe. Jedes Kind hält eine leere Papierrolle oder Toilettenpapierrolle in der Hand. Das Kind an der Spitze der Reihe legt die Murmel in seine Rolle und kippt diese dann leicht, sodass die Murmel in die Rolle des nächsten Kindes gelangt. Die Aufgabe besteht darin, die Murmel so von einem Ende der Reihe zum anderen zu bewegen, dass sie nicht auf den Boden fällt. Es ist nicht erlaubt, sie mit den Händen aufzufangen. Lässt je-

mand die Murmel fallen, beginnt das Spiel am Anfang der Reihe von Neuem.
Nachdenken: *Was hat funktioniert, um die Murmel am Rollen zu halten? Was nicht?*

MIT ALLEN SINNEN

Die folgenden Aktivitäten und Reflexionen unterstützen die Entwicklung von Achtsamkeit und Konzentration.

WER BIN ICH?

Teilen Sie die Kinder in zwei oder mehr Gruppen zu jeweils drei bis fünf Kindern ein. Eine Gruppe steht hinter einem Vorhang. Ein Kind aus dieser Gruppe streckt nur seine Hände oder einen Finger oder eine Faust oder seine Zehen heraus. Oder sagt ein Wort. Oder singt eine Zeile aus einem Lied oder pfeift einen Ton oder klatscht in die Hände. Die Kinder vor dem Vorhang raten nun, welches Kind das war. Dann ist das nächste Kind aus der Gruppe hinter dem Vorhang an der Reihe. Sind alle Kinder dran gewesen, tauschen die Gruppen ihre Plätze.
Nachdenken: *Woran merkt ihr, wer das hinter dem Vorhang war, der etwas vorgeführt hat? Welche Sinne waren an eurer Entdeckung beteiligt? Könnt ihr eine Freundin einzig am Klang ihrer Stimme erkennen? Könnt ihr jemanden an seinem Pfeifen oder Singen erkennen?*

WER BIST DU?

Materialien: eine Augenbinde für jedes Kind

Einem Kind werden die Augen verbunden. Die anderen stehen ganz still in der Nähe. Das Kind bewegt sich langsam durch den Raum, bis es auf jemanden trifft. Nur mit den Händen versucht es dann zu erkennen, wer das ist.

Nachdenken: *Welche Sinne haben euch dabei geholfen zu erkennen, wen ihr da berührt habt? Wie war diese Übung für euch?*

MENSCHLICHE KAMERA

Die Kinder tun sich paarweise zusammen. Ein Kind ist die »Kamera«, das andere der »Fotograf«. Der Fotograf geht hinter seiner Kamera her und hat seine Hände dabei auf deren Schultern. Er leitet seinen Partner, der die Augen geschlossen hat, vorsichtig durch den Raum. Drei Fotos kann er machen. Er führt die Kamera an den für das erste Foto besten Platz. Durch Heben oder Senken des Kopfes der Kamera stellt er den richtigen Winkel ein. Ist er bereit für das Foto, drückt er sanft die Schultern seines Partners. Der öffnet die Augen für einen Moment, und das Foto kann »geknipst« werden. Danach schließt die Kamera die Augen sofort wieder. Nach dem dritten Schnappschuss tauschen die Partner.

Nachdenken: *Was habt ihr geknipst? Wie war es, Fotograf zu sein, wie die Kamera? Welche Rolle hat euch besser gefallen? Warum?*

WOLKEN-MEDITATION

Legt euch auf die Erde und betrachtet die Wolken. Lasst euch Zeit dafür. Nutzt eure Phantasie. Seid erfinderisch. Stellt euch bestimmte Charaktere, Abenteuer vor.

Nachdenken: *Was habt ihr gesehen? Ist euch eine Geschichte eingefallen? Hattet ihr den Eindruck, in einer anderen Welt gewesen zu sein? Wie lange behält eine Wolke ihre Form? Entspannt euch und atmet tief in euren Bauch. Spürt, wie die Erde euch unterstützt, und denkt darüber nach, wie ihr ein Teil der Wolken, der Erde und von allem um euch herum seid.*

FINDE DEINEN STEIN*

Materialien: Steine in ungefähr gleicher Größe, für jedes Kind einen (Die Steine sollten in etwa die Größe einer Kinder-Handfläche haben.)

Die Kinder schließen die Augen und bekommen jeweils einen Stein für eine Minute in die Hand. Dann nehmen Sie die Steine wieder an sich und legen sie in die Mitte des Kreises, wobei die Kinder die Augen immer noch geschlossen halten. Die Kinder sollen dann mit geöffneten Augen »ihren« Stein finden.

Variante: Statt die Steine in die Mitte zu legen, können Sie sie auch im Kreis herumgehen lassen. Bei weiterhin geschlossenen Augen versuchen die Kinder zu erspüren, welches ihr Stein war.

* Josette Luvmour, *Everyone Wins!: Cooperative Games and Activities.* Gabriola Island, B. C., Canada: New Society Publishers, 2007

Nachdenken: *Wie war dieses Spiel für euch? Wie habt ihr euren Stein gefunden? Oder warum habt ihr ihn nicht gefunden? Wie fühlen sich eure Hände jetzt an?*

WAS SIEHST DU?

Materialien: Tablett, Serviette oder kleines Handtuch, zehn bis fünfzehn leicht identifizierbare Alltagsgegenstände

Suchen Sie Dinge zusammen wie Schere, Klebeband, CD, Uhr, Tasse, Gabel, ein Stück Obst, Büroklammer, Tacker, Lineal, Blume, Teebeutel usw. Legen Sie alles auf ein Tablett, das Sie mit der Serviette oder dem kleinen Handtuch bedecken. Wenn alle Kinder bereit sind, nehmen Sie die Serviette für zwanzig bis dreißig Sekunden herunter (abhängig von der Anzahl der Dinge auf dem Tablett und vom Alter der Kinder). Dann bedecken Sie das Tablett erneut und fragen Sie, an wie viele Dinge sich jedes Kind erinnert. Dieses Spiel kann man auch in Gruppen machen, wobei jede Gruppe die Sachen aufschreibt, an die sich die Gruppenmitglieder erinnern, und versucht, die Liste so vollständig wie möglich zu machen.
Nachdenken: *Was habt ihr getan, um euch an die Sachen zu erinnern? Was hat funktioniert, was nicht?*

WAS RIECHST DU?

Materialien: ein kleines Tablett, fünf oder sechs geruchsintensive Objekte wie Zimt, Zitrone, Pfefferminz, bestimmte Gewürze und Kräuter, Augenbinden für alle Kinder

Verbinden Sie den Kindern die Augen und lassen Sie auf dem Tablett eines der Objekte herumgehen. Die Kinder dürfen nur das Tablett halten und nicht eines der Objekte in die Hand nehmen (außer es ist ein Gewürz in einem Gewürzstreuer). Fordern Sie die Kinder auf, still und mit verbundenen Augen zu raten, was sie riechen. Wenn das Tablett ganz rumgegangen ist, können sie sich über ihre Vermutungen austauschen. Verfahren Sie auf diese Weise mit allen Objekten. Am Ende nehmen die Kinder dann die Augenbinden ab.

Nachdenken: *Was habt ihr identifiziert? Wie hat es sich angefühlt, nur riechen, aber nichts dabei sehen zu können?*

WAS BERÜHRST DU?

Materialien: verschiedene Objekte unterschiedlicher Beschaffenheit wie ein Baumwollball, eine Tannennadel, Sandpapier, ein geschnitztes Stück Holz, ein glatter Stein; Augenbinden für alle Kinder

Verbinden Sie den Kindern die Augen und geben Sie eines der Objekte in die Runde. Beginnen Sie mit etwas Weichem, zum Beispiel einem Baumwollball. Bitten Sie die Kinder still, mit verbundenen Augen, zu raten, was sie jeweils in den Händen halten. Ist das Objekt bei jedem angekommen, können sich die Kinder über ihre Vermutungen austauschen. Nehmen Sie als Nächstes etwas Stacheliges wie einen Tannenzapfen, dann etwas Raues wie Sandpapier, zum Schluss etwas Glattes wie geschnitztes Holz oder einen Stein. Nachdem alle Objekte die Runde gemacht haben, nehmen die Kinder die Augenbinden ab und sehen, ob ihre Wahrnehmungen mit der Wirklichkeit übereingestimmt haben.

Nachdenken: *Wie hat sich das angefühlt? Wie seid ihr zu euren Vorschlägen gekommen?*

WAS SCHMECKST DU?

Materialien: kleine Stücke verschiedener Obstsorten, Augenbinden

Teilen Sie unterschiedliche Obstsorten in kleine, mundgerechte Stücke, sodass für jedes Kind von jeder Sorte ein Stück da ist. Lassen Sie die Kinder mit verbundenen oder geschlossenen Augen ein Obststück essen. Fragen Sie am Ende, welches Obst das wohl war.
Nachdenken: *Wart ihr überrascht? Was ist anders, wenn ihr mit geschlossenen statt mit offenen Augen esst?*

WAS HÖRST DU?

Materialien: eine Auswahl an Objekten, mit denen man interessante Klänge erzeugen kann, wie Glocke und Einlader, eine Flöte, ein Stein, um ihn ins Wasser zu werfen; eine Kreidetafel, um zu kratzen, zwei Stück Sandpapier, um sie aneinander zu reiben, einen Hammer, um einen Nagel einzuschlagen; eine Augenbinde für jedes Kind (optional)

Bitten Sie die Kinder, ihre Augen zu schließen, oder verbinden Sie ihnen die Augen, und erzeugen Sie dann mit einem der Objekte ein Geräusch. Lassen Sie die Kinder die Quelle des Geräuschs identifizieren. Nachdem Sie einige Objekte zum Klingen gebracht haben, machen Sie nun selbst ein Geräusch wie Händeklatschen, sich räuspern, husten, mit der Zunge schnalzen oder pfeifen. Die Kinder identifizieren das Geräusch und ahmen es dann nach. Dann können die Kinder ihrerseits für die anderen Geräusche machen, die identifiziert werden sollen.
Nachdenken: *Welche Geräusche waren leicht zu erraten? Welche schwer?*

SEHEN! HÖREN! RIECHEN! BERÜHREN! SCHMECKEN!

Lassen Sie die Kinder für ein paar Momente still sitzen. Bitten Sie sie, darauf zu achten, wie viele Dinge sie in einer Minute sehen, hören, riechen, berühren oder schmecken können. Nach dieser Minute können sich die Kinder darüber austauschen und auch etwas dazu aufschreiben.

Nachdenken: *Welche Dinge habt ihr bemerkt? War einer eurer Sinne dominanter als die anderen?*

BIS ZEHN ZÄHLEN

Die Kinder sitzen oder stehen im Kreis. Die Gruppe zählt laut von eins bis zehn. Jedes Kind kann eine Zahl sagen, aber wenn zwei gleichzeitig dieselbe Zahl sagen, müssen alle wieder von vorn beginnen. Dieses Spiel kann schwierig sein, aber es lohnt sich dabeizubleiben. Es fördert die Konzentration, das Zusammengehörigkeitsgefühl und die Aufmerksamkeit füreinander. Es ist auch ein gutes Spiel, damit die Gruppe mehr zur Ruhe kommt. Manchmal kann es hilfreich sein, wenn alle eng, Schulter an Schulter, beieinanderstehen und die Kinder die Augen geschlossen haben.

Nachdenken: *Was habt ihr aus diesem Spiel gelernt? Welche Strategien haben geholfen, bis zehn zu kommen?*

MIT DER NATUR VERBINDEN

SCHNITZELJAGD

Dieses Spiel kann von einzelnen Kindern, von Kindergruppen oder Familien durchgeführt werden. Geben Sie jeder Person, Gruppe oder Familie ein Set kleiner Karten, auf denen jeweils Gegensatzpaare stehen. Zum Beispiel: weich und hart, neu und alt, wild und zahm, bekannt und fremd, dunkel und hell usw. Bitten Sie die Mitspieler, draußen Dinge zu finden, die zu jeder Karte passen. Alle tauschen sich am Ende darüber aus, was sie für jede Kategorie gefunden haben und warum sie gerade diese Objekte ausgewählt haben. Ermutigen Sie alle Mitwirkenden, sich an dem Austausch zu beteiligen.

DIE NATUR UM ERLAUBNIS BITTEN

Laden Sie die Kinder während einer Gehmeditation oder einer Wanderung ein, sich einen Platz zu suchen, zu dem sie sich hingezogen fühlen. Die Kinder sollten sich diesem Ort dann in Stille nähern und die Natur um Erlaubnis bitten, sich dort hinzusetzen und zu sein. Sie lauschen für einige Augenblicke, um zu erfahren, wie die Natur antwortet. Die Kinder mögen jeweils ein Ja oder ein Nein empfangen. Ist die Antwort Nein, können sie sich einen anderen Ort suchen und erneut fragen. Erklären Sie dann, dass die Natur manchmal Nein sagt, weil es an der betreffenden Stelle nicht sicher genug für uns ist oder weil etwas in diesem Gebiet geschützt werden muss. Bei einem Ja verbringen die Kinder einige Minuten still in dem von ihnen ausgewählten Gebiet. Dann kommen alle zusammen zurück und tauschen sich über die gemachten Erfahrungen aus. Was hat die Einzelnen zu »ihrem« Platz hingezogen? Wie haben sie die Antwort der Natur empfunden?

Bei solchen Erfahrungsaustauschen wurde angegeben, dass sich ein Ja der Natur zum Beispiel in einem Windhauch, dem Lied eines Vogels oder einem warmen Gefühl in der Brust gezeigt hat, ein Nein dagegen in einem schrillen, plötzlichen Geräusch oder einer unangenehmen körperlichen Empfindung wie von Brennnesseln gestochen sein oder sich in Dornen verheddert haben. Es gibt keine richtigen oder falschen Erfahrungen. Die Übung besteht einfach darin, aufmerksamer zu werden und mehr Respekt für die Natur zu entwickeln. Sie unterstützt auch unser Erkennen, dass wir ein Teil der Natur sind und nicht ihr Herrscher.

DIE SCHÖNHEIT DER NATUR IN UNS ERKENNEN*

Nehmen Sie die Kinder mit an eine geeignete Stelle und bitten Sie sie, sich nach etwas umzuschauen, das sie schön finden. Das sollte ein Objekt in der Umgebung sein – ein Baum, ein Tannenzapfen, ein Berg, eine Wolke, ein Tier, eine andere Person, der Wind ... was auch immer. Geben Sie jedem Kind ein Stück Papier und einen Stift. Dann lassen Sie die Kinder aufschreiben: »Ich mag … (den Teil aus der Natur, den sie sich ausgesucht haben), weil … .« Oder: » … (der Teil aus der Natur, den sie sich ausgesucht haben) ist schön, weil … .«

Die Kinder können ein oder zwei Sätze aufschreiben, die ganz einfach sein mögen. Zum Beispiel: »Ich mag die Eiche, weil sie so stark ist, so gut gewachsen und so stolz und weil sie sich gut mit sich fühlt.«

Nachdem alle ihre Sätze aufgeschrieben haben, bitten Sie die Kinder, auf der Rückseite des Papiers dieselben Sätze aufzuschreiben, doch nun

---

* Diese und die vorangegangene Aktivität entnommen aus: Michael J. Cohen, *The Web of Life Imperative: Regenerative Ecopsychology Techniques that Help People Think in Balance with Natural Systems* (Bloomington, IN: Trafford Publishing 2003).

sich selbst da einzusetzen, wo zuvor der Teil der Natur stand, den sie ausgewählt hatten. Zum Beispiel: »Ich mag mich, weil ich so stark bin, so gut gewachsen und so stolz und weil ich mich gut mit mir fühle.«

DER NATURALTAR

Machen Sie mit den Kindern einen Spaziergang und bitten Sie die Kinder, unterwegs etwas mitzunehmen, mit dem sie sich verbunden fühlen oder das für sie Schönheit, Stabilität und Gutes ausdrückt. Das kann ein Stein, ein Blatt, ein Tannenzapfen oder eine Blume sein, irgendetwas aus der Natur. Zurück im Haus lassen Sie die Kinder sich darüber austauschen, warum sie was ausgesucht haben und was es für sie bedeutet. Dann können sie achtsam zum Altar gehen und dort das Mitgebrachte hinlegen. Es ist gut, wenn Sie ihnen vorher ein wenig über die Bedeutung oder den Zweck eines Altars erzählen und sie fragen, ob sie einen solchen Altar auch zu Hause haben. Wenn sie von nun an den Raum mit dem Altar betreten, können die Kinder sich verbeugen und sich von ihrem Gegenstand auf dem Altar anregen lassen.

MEINEN BESONDEREN BAUM FINDEN

Machen Sie mit den Kindern einen Naturspaziergang und schauen Sie sich die Bäume in der Umgebung an. Jedes Kind hält nach einem besonderen Baum Ausschau. Wenn die Kinder ihren Baum gefunden haben, stellen sie sich ihm vor und erzählen ihm von einigen speziellen Eigenschaften, die sie haben. Nach einer Weile können sie ihrem Baum auch erzählen, welche besonderen Eigenschaften sie in ihm erkennen. Später tauschen sie sich darüber mit ihren Freunden, ihren Freundinnen aus. Ermutigen Sie die Kinder, Zuflucht zu ihrem Baum zu nehmen, wann immer sie das brauchen, und ihn jeden Tag zu besuchen. Es ist für sie ein sicherer Ort, wo sie einfach sein und entspannen und zu sich zurückkehren können.

LIEBER BAUM, WIE IST DEIN NAME?

Wenn das Kind bei dem Baum ist, ihm lauscht und tief schaut und all seine wundervollen Eigenschaften erkennt, kann es spüren, ob der Baum ihm seinen Namen sagen will. Auch das Kind kann dem Baum einen Namen geben. Und es kann ihm einen Freund oder eine Freundin vorstellen. Die beiden können sich über die guten Eigenschaften des Baums austauschen und warum sie ihn mögen.

LIEBER BAUM, WAS HAST DU GESAGT?

Materialien: Papier und Stift für jedes Kind

Jedes Kind sitzt am Fuß seines Baumes und lauscht dessen Botschaft oder der der Steine, der Insekten, der Rinde, des Mooses und der Blätter in der Umgebung. Es schreibt diese Botschaft auf oder bringt ihre Bedeutung zeichnerisch zu Papier. Dann läuft es los, um die Nachricht dem Baum eines Freundes, einer Freundin zu überbringen.

BAUM-POSITION

Diese Position ist aus dem Yoga bekannt.

Steht aufrecht auf einem Bein; der andere Fuß liegt auf der Innenseite des Standbeins; die Hände können in Höhe der Herzgegend zusammengelegt werden oder, bei guter Balance, auch über dem Kopf. Nehmt den Unterschied wahr, wenn ihr den Fuß im Boden verwurzelt (selbst wenn das nur in eurer Vorstellung geschieht). Merkt, was geschieht, wenn ihr eure Augen auf einen einzigen Punkt vor euch richtet und euch konzentriert.

Kinder, die nicht in dieser Weise stehen können, können ihre Arme heben, die Handflächen über ihrem Kopf zusammenlegen und sich als Baum visualisieren.

Was geschieht, wenn ihr euch auf euren Atem oder auf euren Bauch konzentriert? Wann habt ihr die »beste« Balance?

SPAZIERGÄNGE UND AKTIVITÄTEN IN DER NATUR

Ein Picknick-Spaziergang: Alle nehmen etwas für das Picknick mit, das am Ende des Spaziergangs stattfindet.

Geschichtenerzählspaziergang: Laden Sie einen guten Geschichtenerzähler ein, die Gruppe zu begleiten, und machen Sie regelmäßig halt, um ihn jedes Mal einen Teil der Geschichte erzählen zu lassen. Oder erzählen Sie die ganze Geschichte während eines längeren Stopps. Oder die Kinder erzählen Geschichten über die Natur, die sie für jeden Halt vorbereitet haben.

Sammelspaziergang: Sammeln Sie bei einem Spaziergang spezielle Dinge aus der Natur für den Naturaltar, für ein Poster oder um Karten herzustellen oder Steine zu bemalen.

Spaziergang mit geschlossenen Augen: Eine Person führt eine andere, die die Augen geschlossen hat. Nach einer Weile tauschen beide. (Weisen Sie die Kinder darauf hin, auf Licht und Schatten zu achten, auf die Richtung, darauf, ob es aufwärts- oder abwärtsgeht usw.) Die führende Person kann den »blinden« Partner ein Objekt in der Natur berühren und es mit geschlossenen Augen erforschen lassen.

Lauschen: Alle in der Gruppe stehen still, schließen die Augen und lauschen mit großen Ohren. Was gibt es zu hören? Lassen Sie später die gehörten Geräusche – Autos, Kühe, Bienen, Vögel, Stimmen, Wind – von jedem aus der Gruppe reproduzieren.

Barfußgehen: Alle gehen barfuß und schicken ihre Aufmerksamkeit in die Fußsohlen und deren Kontakt mit dem Boden. Dies ist ein vergnüglicher Weg, die Gehmeditation einzuführen.

Natur-Mandalas: Machen Sie mit den Kindern einen Spaziergang und suchen Sie sich einen Platz für eine Pause. Fordern Sie die Kinder auf, ihre Umgebung genau zu inspizieren. Lassen Sie sie dann nach einer Weile Mandalas herstellen, indem Objekte aus der Umgebung verwendet werden: Felsen, Blätter, Blumen, Gras und Erde. Wenn alle zum Ende gekommen sind, machen Sie mit den Kindern einen »Galeriegang«, damit alle auch die Kunstwerke der anderen anschauen können. Sie können auch zusammen ein ganz großes Mandala herstellen, wobei Sie es in Abschnitte unterteilen sollten, damit jedes Kind einen Bereich hat, den es mit Naturobjekten schmücken kann.

DAS NETZ DES LEBENS

Material: Garnknäuel

Die Kinder sitzen im Kreis. Halten Sie das Knäuel in den Händen und sagen Sie etwas über Ihre gemeinsam verbrachte Zeit, das Ihnen wichtig ist. Werfen Sie dann den Ball einer anderen Person zu, die nun ihrerseits etwas sagen wird, während Sie das Schnurende in der Hand behalten. Am Ende hält jeder aus der Gruppe ein Stück Schnur in der Hand. Sagen Sie dann als Gruppenleiter/in so etwas wie:

Obwohl wir jetzt alle nach Hause zurückkehren, bleiben wir verbunden, so wie uns jetzt die Schnur verbindet. Wir nehmen die miteinander verbrachte Zeit mit nach Hause und in unsere Schule und wir nehmen auch jeden Einzelnen von uns mit. Und jeder von uns schafft zu Hause dann sein eigenes Übungsnetz. Von jedem von uns gehen viele kleine Netze aus, die aus diesem großen Netz sich entwickelt haben.

Bei einer solchen Verabschiedungssitzung können auch folgende Punkte angesprochen werden:
Ich habe mich sehr gefreut über … – Ich erinnere mich, als … –
Ich bin dankbar für …
Es ist gut, wenn die Kinder sich auch darüber austauschen, was sie am Kinderprogramm mochten und was nicht. Das ist für zukünftige Verbesserungen sehr hilfreich. Sie können sie zudem fragen, was sie an hier Gelerntem, welche Übungen sie für sich mit nach Hause nehmen. Enden Sie mit einer Gruppenumarmung und einem gemeinsam gesungenen Lied.

9. Kapitel
Unser Glück wachsen lassen, unser Leiden umarmen

Wir haben uns bestimmten Vorstellungen von Glück verschrieben. Wir meinen, dass Glück unmöglich wäre, bevor wir nicht dieses oder jenes erreicht oder dieses oder jenes verändert hätten. Weil wir bestimmte Ideen über das Glück hegen, sind wir nicht in Frieden mit uns. Wir versuchen etwas zu tun, etwas zu begreifen; aber vielleicht ist das Glück schon da. Alle Bedingungen, die wir brauchen, um glücklich zu sein, sind bereits vorhanden. Wir müssen sie nur erkennen. Aber wie können wir etwas erkennen, wenn wir nicht gegenwärtig und gewahr sind?

Vielleicht haben wir bisher nicht erkannt, dass die Sonne am Himmel eine Bedingung für unser Glück ist. Wir müssen aber nur einmal hinschauen und werden sehen, dass das Leben auf der Erde nur durch die Sonne möglich ist. All unsere Nahrung beruht auf Licht, beruht auf der Sonne. Und wenn wir die Sonne auf diese Weise betrachten, sehen wir die Sonne als unseren Vater, unsere Mutter – die uns tagtäglich nährt. Die Sonne ist immer für uns da. Vielleicht denken wir: »Niemand kümmert sich um mich, niemand mag mich, niemand schenkt mir Aufmerksamkeit.« Doch die Sonne nährt uns jede Sekunde, jeden Tag. Die Erde, die Bäume, das Wasser, die Luft, die Bäckerin, der Bauer, die Vögel, die Insekten – sie alle sind für uns da.

Haben wir uns darin geübt, immer wieder innezuhalten und im gegenwärtigen Moment zu verweilen, sind wir imstande, die vielen Bedingungen des Glücks, die im Hier und Jetzt für uns verfügbar sind, zu berühren. Wir finden heraus, dass wir gar nicht mehr brauchen, denn diese Bedingungen sind mehr als genug für unser Glück. Innehalten ist sehr wichtig. Solange wir immer nur rennen, ist es sehr schwierig, glücklich zu sein. Durch Innehalten kommen unser Körper und Geist zur Ruhe und wir können die Bedingungen für unser Glück, die bereits da sind, erkennen.

Achtsamkeit hilft uns dabei, glücklich im Hier und Jetzt zu sein. Wir müssen keine zehn Jahre warten, um Glück zu finden. In dem Moment, in dem wir achtsam atmen, fühlen wir uns ruhig, frisch und fest. Wir müssen nicht warten. Achtsamkeit hilft uns, jetzt glücklich zu sein, in diesem Moment.

UNSER GLÜCK KULTIVIEREN

WIR GEBEN DEM GLÜCK DIE CHANCE ZU WACHSEN

Materialien: für jedes Kind ein durchsichtiges Gefäß mit großer Öffnung oder einen durchsichtigen Becher (oder Sie schneiden das obere Viertel einer Plastikflasche ab), ein Papiertuch, Erde, 8 Lima- oder Pintobohnen, einen wischfesten Markierstift für die Klasse

Helfen Sie den Kindern, während Sie die folgenden Anweisungen geben, und demonstrieren Sie das Gemeinte.

Wir werden jetzt ein paar Bohnensamen pflanzen. Lasst uns den Bohnensamen Namen geben. Ein Set Bohnen sollen eure Glücksbohnen sein; und ihr gebt ihnen die Namen von etwas, was euch wirklich glücklich macht. Macht es euch zum Beispiel glücklich, wenn euch jemand anlächelt? Macht es euch glücklich, wenn ihr andere anlächelt?

Wenn dem so ist, dann mögt ihr vielleicht eine der Bohnen »Lächeln« nennen. Andere Namen für eure Glücksbohnen könnten Achtsamkeit, Freiheit, Sicherheit, Liebe, Hoffnung oder Teilen sein.
Was macht euch wirklich glücklich?
[Mit meinem Hund spielen, mit meinen Freundinnen zusammen sein, Süßigkeiten teilen.]
Die anderen Bohnen sind eure Unglücksbohnen; und ihr gebt ihnen die Namen von dem, was euch nicht glücklich macht. Macht es euch zum Beispiel unglücklich, wenn ihr oder jemand, den ihr kennt, wütend ist? Wenn Wut euch unglücklich macht, dann nennt eine der Bohnen »Wut«. Andere Namen für eure Unglücksbohnen könnten Egoismus, Angst, Traurigkeit, Ungeduld, ständige Eile und Eifersucht sein.
Was macht euch unglücklich?
[Streit, Krieg, Stehlen, wenn man nicht teilt.]
Legt mit dem Papiertuch den Becher aus und häufelt sorgfältig Erde auf das Papier, sodass der Becher etwa zu drei Viertel damit gefüllt ist. Steckt die vier Bohnen vorsichtig in die Erde. Lasst viel Platz zwischen den einzelnen Bohnen. Wie wir schätzen auch sie ihre Freiheit. Bedeckt dann die Bohnen mit der restlichen Erde.

Anmerkung: Wir verwenden durchsichtige Becher und Papiertücher, damit die Kinder beobachten können, wie die Bohnen keimen.

Mit dem Marker schreibt ihr jetzt den Namen eurer Bohnen auf euren Becher.
Wir alle haben in uns die Samen des Glücks und wir haben in uns auch die Samen der Wut, des Egoismus, der Angst, der Ungeduld, der ständigen Eile, des Streitens, Stehlens und der Eifersucht (und viele andere Samen des Unglücks). Wir müssen dies gar nicht verurteilen oder wegstoßen, wir müssen es einfach nur erkennen und achtsam dafür sein.
Wenn die Ursachen und Bedingungen richtig sind, wachsen unsere »Samen«. Es ist genauso wie mit unseren Bohnensamen: Geben wir

den Glückssamen in uns Erde, Luft, Licht und Wasser, werden sie wachsen. Wenn wir natürlich den Unglückssamen in uns die Dinge geben, die sie brauchen, werden auch sie wachsen. Wir sind diejenigen, die entscheiden müssen, welche Samen in uns wir wachsen lassen wollen und welche nicht.
Was bedeutet es, den Samen in uns Luft zu geben?
[Freiheit, Raum, Zeit]
Was bedeutet es, den Samen in uns Licht zu geben?
[Sie wahrnehmen, sie mit dem Licht der Achtsamkeit beleuchten.]
Auf welche Weise können wir die Samen in uns gießen (und nicht gießen)?

Dies sind einige der Möglichkeiten, die Kindern eingefallen sind, wie sie die Glückssamen gießen und die Unglückssamen nicht gießen können:

Üben: »Eine Möglichkeit, den Samen des Lächelns zu gießen, ist, viel zu lächeln.«
Aufmerksamkeit: »Ich gieße den Samen der Großzügigkeit, wenn ich merke, dass ich großzügig bin.«
Nicht darauf konzentrieren: »Eine Möglichkeit, den Samen der Wut nicht zu gießen, liegt darin, ihn zwar zu bemerken, sich aber nicht weiter darauf zu konzentrieren.«
Meine Wahrnehmungen untersuchen: »Ich kann fragen: ›Bin ich ganz sicher?‹, wenn ich eifersüchtig auf eine Freundin bin. ›Bin ich sicher, dass ich das wirklich haben möchte, was sie hat?‹«
Freundlich sein: »Eine Möglichkeit, den Samen der Liebe und des Mögens zu gießen, ist, unseren Freunden zu sagen, dass wir sie mögen.«
Ein Gatha sprechen: »Eine Möglichkeit, den Samen der Wertschätzung zu gießen, besteht darin, die Betrachtungen zum Essen zu sprechen.« (siehe Seite 125)
Ein- und Ausatmen: »Eine Möglichkeit, den Samen der Angst nicht zu gießen, besteht darin, unserem Atmen Aufmerksamkeit zu schenken.«

Keine schlechten Shows oder Filme im Fernsehen anschauen und sich keine gemeinen Lieder anhören: »Eine Möglichkeit, nicht den Samen des Schlechten, Gemeinen zu gießen, ist, nur Sendungen anzuschauen oder Lieder zu hören, die freundlich und wohlwollend sind.«
Verstehen: »Wenn ich anfange, mich über meine Familie aufzuregen, kann ich versuchen zu verstehen, warum sie das, was mich aufgeregt hat, getan haben.«
Drei Schritte: »Eine Möglichkeit, den Samen der Traurigkeit nicht zu wässern, ist, diese ›Drei Schritte‹ zu machen. 1. Ich freue mich an Dingen, die mich glücklich machen. 2. Ich merke, wenn ich traurig bin. 3. Wenn ich dann später nicht mehr traurig bin, denke ich darüber nach, was mich traurig gemacht hat, versuche, es zu verstehen und zu ändern.«

Geben Sie den Kindern ihre Samen mit nach Hause, damit sie auf sie achtgeben können.

WAS MICH GLÜCKLICH MACHT*

Materialien: alte Zeitschriften mit Bildern, Schere, Klebstoff, Marker, Buntstifte, Farbkreide, Papier für jedes Kind

Man kann sagen, dass es zwei Arten von Glück gibt: das »Süßigkeiten-essen-Glück« und das »Innerer-Frieden-Glück«. Das eine hat mit Dingen wie einem neuen Spielzeug oder mit Naschereien wie einem Stück Kuchen zu tun. Das andere kommt aus einem friedvollen Geist, wenn ihr euch zum Beispiel von euren Angehörigen geliebt oder gemocht fühlt.

* Die nächsten drei Übungen sind entnommen aus David Rycroft, *Rigpe Yeshe Study Pack for Children and Teenagers.*

Die erste Art von Glück ist nicht real, denn sie dauert nicht an und sie kann mit lauter Problemen für uns enden. Die andere Art von Glück ist echter, weiter und tiefer wie ein großes Meer.
Macht eine Collage aus den unterschiedlichen Dingen, die euch glücklich machen, zum Beispiel Eis essen oder eure Familienangehörigen umarmen. Findet ihr keine passenden Fotos dafür, könnt ihr das auch malen. Malt den Hintergrund der Collage farbig mit schönen Mustern aus.
Fertigt am Ende zwei Listen an: kurzzeitige Vergnügen und langfristige Vergnügen. In welche Liste gehören jeweils die euch glücklich machenden Dinge? Zeichnet auf ein neues Stück Papier euer Lieblingsbeispiel für Glück.

ZUFRIEDENHEIT

Materialien: ein Stück Obst, ein kleines Glas Wasser, Papier und einen Stift für jedes Kind

Was ist Zufriedenheit? Wenn wir zufrieden sind, fühlen wir uns erfüllt und sind dankbar für das, was wir haben. Wir nehmen uns dann Zeit, uns an einfachen Dingen zu erfreuen. Wir können ein Glas Wasser genießen, so als würden wir das köstlichste und teuerste Getränk zu uns nehmen.
Unzufriedenheit, das Gegenteil von Zufriedenheit, bedeutet, dass wir immer mehr wollen. Wenn euch zum Beispiel eure Mutter zwei Geschichten statt nur einer erzählt, ihr aber unbedingt eine dritte hören wollt, oder wenn ihr ein Stück köstliche Schokolade bekommt, aber mindestens einen ganzen Riegel wollt.
Esst langsam und aufmerksam ein Stück Obst und nehmt dabei wahr, wie die Frucht aussieht, sich anfühlt oder wie sie schmeckt. Trinkt so auch ein Glas Wasser. Schreibt eure Erfahrungen auf.

Nachdem ihr das getan habt, könnt ihr noch ein Gedicht schreiben, in dem das Wort »Zufriedenheit« ebenso auftauchen sollte wie einige der Worte, die ihr bei der Beschreibung eurer Erfahrungen verwendet habt.

DAUERHAFTES GLÜCK UND ERLEUCHTUNG

Materialien: ein Stück Papier für jedes Kind, Stifte, Marker, Buntstifte, Kreiden, festeres Papier für einen Button (optional); eine Schere, um den Button auszuschneiden (optional)

Wir alle haben die Chance – ihr, ich, selbst das winzigste Insekt –, dauerhaft glücklich zu sein. Wir alle können Buddhas werden, denn wir alle haben etwas, das man Buddha-Natur nennt, das ist der Samen der Erleuchtung in uns, genau in dem, was wir sind.
Malt einige Umrisse oder Muster, die für euch die Buddha-Natur ausdrücken, den Teil in euch, der klar, gegenwärtig, liebevoll und friedvoll ist (auch wenn wir ihn meist vergessen haben). Ihr könnt eine kleine Version eurer Zeichnung anfertigen und als Button tragen, um euch stets daran zu erinnern, dass ihr die Buddha-Natur habt.

Das Leiden umarmen

In vielen seiner Lehrreden spricht der Buddha davon, dass Lotos nur im Schlamm wachsen kann. Schauen wir tief in eine Lotosblume hinein, in ihre Schönheit, ihre Besonderheit, atmen ihren Duft ein, können wir den Schlamm darin sehen. Man kann Lotos nicht aus Marmor wachsen lassen. Man braucht den Schlamm. Unser Mitgefühl, unsere Liebe können wir auch durch die negativen Elemente in unserem Bewusstsein nähren. Das ist der buddhistische Weg, die Dinge zu betrachten. Hätten wir nie Hunger gehabt, wie könnten wir da die Freude erleben, etwas zum Essen zu haben? Hätten wir nie gelitten, könnten wir auch Freude und Glück nicht erkennen, wenn sie da sind. Leid spielt also eine große Rolle für unser Glück. Dank des Leidens können wir Verstehen und Mitgefühl entwickeln. Hätten wir niemals Leid erfahren, wären wir nicht in der Lage, menschliches Leid zu verstehen, und wir könnten kein Mitgefühl haben.

Wir sollten uns also vor dem Leid, davor, dass es uns schlecht geht, nicht fürchten, wir sollten aber wissen, wie wir daraus am besten lernen. Dann werden wir verhindern, dass das Leid uns überwältigt. Wir müssen Leiden kennenlernen, damit Verstehen und Mitgefühl möglich werden. Der Buddha sagte: »Dies ist, weil jenes ist.« Wenn es keine linke Seite gäbe, gäbe es auch keine rechte. Gäbe es keinen Schlamm, könnte es auch keinen Lotos geben. Es wäre naiv, nach einem leidfreien Ort zu suchen. Das Reich Gottes oder das Reine Land des Buddha ist kein Ort ohne Leid, aber es ist ein Ort, an dem es auch Verstehen und Mitgefühl gibt. Und damit diese beiden da sein können, muss es auch Leiden geben. Wäre das nicht so, auf was sollte sich dann unser Mitgefühl richten?

Freiheit, Verstehen und Mitgefühl kann ich kultivieren, weil ich Leiden kenne. Hätte ich nie gelitten, würde ich nicht über die Freiheit, das Verstehen und das Mitgefühl verfügen, an dem ich mich erfreue, und ich wäre nicht imstande, es meine Schülerinnen und Schüler zu lehren. Lassen Sie uns also ohne Angst tief in die Natur des Leidens schauen. Es kann uns viel lehren und uns helfen, Mitgefühl und Verstehen zu entwickeln. Versuchen wir, nicht vor dem Leiden davonzulaufen. Als Gärtner weiß man, dass man Kompost als Nahrung für Blumen und Gemüse braucht. Wenn Sie also gelitten haben, verfügen Sie über die grundlegende Voraussetzung, glücklich zu sein.

Es ist durchaus möglich, geistige Dunkelheit zu erleben und dennoch glücklich zu sein. Das gilt auch für den Körper, denn es kann gar keine vollkommene körperliche und geistige Gesundheit geben. Selbst wenn wir geistig oder körperlich krank sind, ist es möglich, dass wir auch mit dieser Krankheit glücklich leben können. Werfen wir einen Stein ins Wasser, wird er, so klein er auch sein mag, auf den Grund sinken. Doch wenn Sie ein Boot haben, können Sie damit viele Kilogramm Steine transportieren, ohne dass das Boot sinkt. Ihr Boot ist die Praxisgemeinschaft und es umfasst Ihre eigene individuelle Praxis. Üben Sie gut, kann Ihr Leid dadurch umarmt und getragen sein.

Ich erinnere mich, dass ich während des Krieges gegen die Franzosen als junger Dharma-Lehrer jeden Tag Fieber hatte und es keine Medizin gab. Und doch habe ich niemals eine Unterrichtsstunde versäumt. Ich unterrichtete junge Mönche und Nonnen. Es war mein tiefstes Verlangen, eine Generation junger Mönche und Nonnen hervorzubringen, die die Gesellschaft mit einer neuen, relevanten Art buddhistischer Praxis bekannt machen würde, die angemessener auf die gesellschaftlichen Leiden reagierte. Es war für mich eine große Freude, diese Mönche und Nonnen zu unterrichten. Obwohl ich Fieber hatte, lehrte ich. Mein Glück war umfassend genug, um meine Schmerzen zu umarmen. Also, selbst wenn Sie leiden, ist es möglich, dass Sie sich über Wasser halten, vorausgesetzt, Sie kennen die Freude der Praxis und werden von einer Sangha unterstützt. Sie müssen nicht untergehen.

Lassen Sie das Leid in Ihnen da sein. Versuchen Sie nicht, es zu schnell weghaben zu wollen. Es reicht, wenn Sie es erkennen und ihm erlauben, da zu sein, während Sie eine neue Art der Praxis und des Glücks entwickeln. Und eines Tages werden Ihre Praxis und Ihr Glück so stark sein, dass Sie Ihr inneres Gleichgewicht wiedererlangen. Anfangs mag das noch schwierig sein. Doch mit der Unterstützung einer liebevollen Sangha wird es leichter gehen. Sie können die Sangha bitten, dieses Leid und diese innere Dunkelheit mit Ihnen zu tragen. Und eines Tages ist das Gleichgewicht wieder da. Sowohl die positiven wie die negativen Emotionen sind organischer Natur. Und deshalb bedeutet die Entwicklung der einen Seite das Schrumpfen der anderen. Transformation geschieht, indem wir einfach die positiven Emotionen kultivieren, ohne dass wir versuchen, die negativen zu ändern.

EINE BLUME SEIN: KINDERN HELFEN, WENN SIE GEHÄNSELT UND TYRANNISIERT WERDEN

Kind: Lieber Thay, was sollen wir machen, wenn sich andere über uns lustig machen?

Thay: Es gibt viele Arten zu üben. Wenn du ein guter Praktizierender bist, kannst du zu deinem achtsamen Atmen zurückkehren und einfach die Person anlächeln, die sich über dich lustig macht. Du wirst dann nicht wütend; du guckst die Person nur an und lächelst. Das zeigt ihr, dass du nicht auf ihren Versuch, dich wütend zu machen, anspringst. Auch wenn du gar nichts sagst, ist deine Botschaft klar: In mir ist Frieden; ich werde nicht wütend. Das ist auch eine Lehre für sie. Das kannst du aber nur tun, wenn du dich vorher darin geübt hast. Auch wenn zu Hause jemand etwas tut, was dich ärgert, kehrst du zu deinem Atem zurück. »Einatmen, lächeln, ausatmen, ruhig werden.« Du schaust den anderen an und sagst: »Warum tust du das?« Du wirst dabei nicht laut. Du schaust einfach und lächelst und in dir ist Mitgefühl. Du siehst, dass der andere nicht glücklich ist und er daher versucht, seiner Gewalt und seinem Ärger Ausdruck zu verleihen. Du weißt, dass glückliche Menschen andere nicht unglücklich machen.

Jedes Mal, wenn du ärgerlich bist, solltest du nichts sagen oder tun. Kehre einfach zu dir zurück und atme achtsam. »Ich atme ein und fühle mich ruhig. Ich atme aus und werde nicht ärgerlich.« Lächle wie eine Blume, das entwaffnet jeden. Sie werden von dir lernen. Sei eine Blume.

Wenn du eine Blume provozierst, wenn du ihr gemeine Namen gibst, was wird sie dann tun? Die Blume wird dich einfach weiter anlächeln. Sei eine Blume. Versucht dich jemand zu provozieren, übe einfach: »Ich atme ein und bin frisch wie eine Blume. Ich atme aus und bin fest wie ein Berg.« Die Blume und der Berg sind in dir.

Natürlich verletzt es uns, wenn andere gemeine Sachen zu uns sagen. Das ist ganz natürlich. Wenn du die Blume und den Berg in dir aber gut nutzt, wird es dir nicht so viel ausmachen, was andere sagen.

Wenn du schon in jungen Jahren zu üben beginnst, wirst du später ein großer Praktizierender sein und vielen Menschen, auch deinen Kindern und Enkelkindern, helfen können.
Friedvoll zu sein bedeutet natürlich nicht, dass du nicht auf dich achtgibst oder dich nicht verteidigst! Das solltest du tun! Es ist sehr wichtig, dass du mehr tust, als ruhig zu atmen, wenn dir in der Schule jemand Angst einjagt, dich bedroht oder dich ohne deine Erlaubnis berührt. Wo immer du hingehst, du solltest dich dort sicher fühlen und auf dich achtgeben. Bist du in einer unguten Situation, ist es wichtig, dass du dich schützt, dich an einen sicheren Ort begibst und einem Erwachsenen erzählst, was vorgefallen ist. Bitte einen Erwachsenen, dem du vertraust, um Hilfe.

FRIEDLICHER SCHLAF

Kind: Ich habe zwei Fragen. Was muss ich tun, wenn ich einen Albtraum habe und danach Angst, wieder zu schlafen? Und ich habe manchmal Probleme, einzuschlafen. Was tue ich dann?
Thay: Ich habe ein paar Vorschläge für dich. Wenn du durch einen Albtraum aufwachst, versuche nicht, sofort wieder einzuschlafen. Setz dich vielleicht lieber hin und massiere dich ein wenig. Oder du stehst auf und machst ein paar achtsame Bewegungen, um deinen Kreislauf in Schwung zu bringen, bevor du dich erneut schlafen legst. Oder du trinkst ein Glas heißes Wasser.
Sei vorsichtig, wenn du Fernsehen guckst. Viele Filme können uns Albträume bereiten, sodass wir sehr sorgfältig auswählen sollten, was wir uns anschauen. Wir sollten uns auch keine Geschichten anhören, die bei uns Albträume auslösen.
Ein weiterer Vorschlag ist, vor dem Schlafengehen Tiefenentspannung zu machen (siehe Seite 76), dadurch können Körper und Geist tief entspannen. Auf diese Weise lenkst du Liebe in deinen Körper und dein Bewusstsein.

Noch ein Vorschlag ist: Erwachsene sollten ihr tägliches Leben so organisieren, dass sie entspannter sind in ihrem Reden und Handeln. Lebst du als Kind in einer friedvollen, liebevollen Atmosphäre und bist vor den Elementen der Gewalt und Angst in Fernsehen, Büchern, Geschichten und Unterhaltungen geschützt, wirst du auch besser schlafen können.

UNSERE GEFÜHLE UMARMEN

GEFÜHLE ERKENNEN

Ein Gruppenleiter beginnt Sätze und die Kinder beenden sie:
Meine glücklichste Zeit heute war …
Ich bin glücklich, wenn …
Ich bin traurig, wenn …
Ich bin dankbar, wenn …
Ich bin wütend, wenn …
Ich bin friedlich, wenn …
Ich bin ängstlich, wenn …

GEFÜHLSKARTEN

Materialien: Karteikarten, Farbstifte, Filzstifte, Marker oder Kugelschreiber

Die Kinder malen auf eine Seite der Karteikarte ein Gefühl. Jedes Kind wählt die Emotion, die es malen möchte: glücklich sein, traurig sein, überrascht sein, neugierig sein, ängstlich sein, verletzt sein, ruhig sein usw. (Bringen Sie am besten eine Liste mit möglichen Begriffen oder Illustrationen mit, aus denen die Kinder sich welche auswählen können.) Sammeln Sie die Karten dann ein. Jedes Kind nimmt sich nun eine Karte und spielt das dargestellte Gefühl der Gruppe vor. Die Kinder raten, welches Gefühl das ist. Oder jedes Kind wählt eine Karte und erklärt, warum es gerade die genommen hat. Vielleicht fühlt es sich heute so. Die anleitende Person kann auch die Karten eine nach der anderen vorlesen und die Kinder auffordern, zusammen darzustellen, wie jedes Gefühl aussieht.

Uns um unsere Einsiedelei kümmern

Als ich noch in Frankreich in einer kleinen Hütte auf dem Land lebte, entschloss ich mich eines Morgens, den ganzen Tag im Wald zu verbringen. Ich nahm ein Brot, eine Flasche Wasser und eine Unterlage mit, die ich als Sitzkissen nutzen wollte.

Bevor ich ging, öffnete ich alle Fenster und Türen, damit die Sonnenwärme alle Dinge in der Hütte trocknen konnte. Ich genoss den Morgen sehr, doch am Nachmittag kam ein Wind auf und Wolken türmten sich am Himmel. Ich wusste, dass ich in meine Einsiedelei zurückkehren musste, da Fenster und Türen weit geöffnet waren.

Als ich dort ankam, fand ich die Hütte in einem schrecklichen Zustand vor. Der Wind hatte meine Papiere vom Tisch geweht, und sie waren überall auf dem Boden verstreut. Dazu war es dunkel, kalt und ungemütlich. Doch ich war nicht besorgt, denn ich wusste genau, was zu tun war. Als Erstes schloss ich Fenster und Türen. Dann entzündete ich Licht in einer Kerosinlampe, denn in der Hütte gab es keinen Strom. Danach machte ich ein Feuer im Kamin, sammelte die Papiere vom Boden auf und legte sie sorgsam auf den Tisch zurück.

Als ich mich wieder dem Kamin zuwandte, sah ich, dass das Feuer sehr gut brannte. Nun war es in der Einsiedelei gemütlich und angenehm, es gab Licht und es war warm. Ich saß da und lauschte dem tobenden

Wind draußen, und ich genoss es, vor dem Kamin zu sitzen und zu atmen. Draußen stürmte es weiter und die Bäume bogen sich im Sturm hin und her, doch in meiner Einsiedelei fühlte ich mich warm, behaglich, wohl und glücklich.

Es gibt in unserem täglichen Leben Augenblicke, in denen wir uns nicht wohlfühlen. Es geht uns nicht gut, so als wären wir bei Hagel und Sturm im Freien. Und wenn wir in diesen Momenten versuchen, die Situation zu verbessern, indem wir etwas sagen, scheint das alles nur noch zu verschlimmern und wir denken: »Das ist heute aber wirklich nicht mein Tag.«

Genauso war es, als ich am Nachmittag in meine Einsiedelei zurückkehrte. Und das, was ich dann tat, müssen auch Sie tun: die Tür und die Fenster schließen. Die Fenster sind unsere Augen, die Ohren, der Mund; wir müssen sie alle schließen. Wenn Sie sich schrecklich fühlen, müssen Sie das Gleiche tun, was ich in meiner Einsiedelei tat. Sie müssen die Fenster der Augen und Ohren schließen. Schauen Sie nicht mehr, hören Sie sich nichts mehr an und tun Sie nichts mehr. Dann entzünden Sie die Lampe des Gewahrseins, die Lampe der Achtsamkeit. Atmen Sie ein. Atmen Sie aus. Achtsamkeit ist die Art von Lampe, die Sie in sich selbst entzünden können. Und vielleicht wollen Sie innen ein Feuer haben, damit es Ihnen warm wird. Kehren Sie zu sich selbst zurück und räumen Sie Ihre innere Einsiedelei auf. Jeder von uns hat eine Einsiedelei, einen Schutzort, in sich, den wir überall mit hinnehmen können. Haben Sie acht auf ihn. Schließen Sie die Fenster und die Tür. Entzünden Sie ein Feuer und räumen Sie auf.

Durch achtsames Atmen und Gehen können wir unseren Frieden und unser Glück wiederherstellen. Gelingt Ihnen das einmal, gibt Ihnen dies das nötige Vertrauen, um zu wissen, dass Sie das nächste Mal, wenn Sie wieder in einen solchen Geisteszustand fallen, das Richtige tun werden, um sich wieder glücklich und behaglich zu fühlen. Unser Körper ist unsere Einsiedelei. Unser Geist ist unsere Einsiedelei. Es wäre zu schade, würden wir sie nicht zu unserem Schutz, unserer Heilung und unserer Freude nutzen.

Bauchatmung

Wenn in uns ein Gefühl der Traurigkeit, der Verzweiflung oder Wut aufkommt, sollten wir mit dem aufhören, womit wir gerade beschäftigt sind, sollten zu uns selbst zurückkehren und uns um diese Gefühle kümmern. Wir setzen oder legen uns hin und atmen achtsam. Das kann sehr hilfreich sein. Eine starke Emotion ist wie ein Sturm, und wenn er naht, sollten wir darauf vorbereitet sein. Wir sollten nicht auf der Ebene des Kopfes und Denkens bleiben, sondern all unsere Aufmerksamkeit in den Bauchraum senden. Wir atmen achtsam ein und aus und werden des Hebens und Senkens der Bauchdecke gewahr. Einatmen, heben; ausatmen, senken. Heben, senken. Wir hören mit dem Denken auf, denn das kann die Gefühle noch verstärken.

Wir sollten uns dessen bewusst sein, dass ein Gefühl nur ein Gefühl ist, es kommt, bleibt eine Weile und geht dann vorbei, genau wie ein Sturm. Ein Gefühl wird uns nicht umbringen, und daran sollten wir besonders junge Leute erinnern. Wir sind weit mehr als unsere Gefühle, und wir können uns um sie kümmern, sei es nun Verzweiflung oder Wut, was wir spüren. Wir denken nicht mehr, sondern konzentrieren uns hundertprozentig auf das Heben und Senken unserer Bauchdecke, und in diesem Moment sind wir sicher. Unsere Gefühle dauern vielleicht fünf oder zehn Minuten an, doch wenn wir weiter ein- und ausatmen, werden wir in Sicherheit sein, weil die Achtsamkeit uns beschützt. Achtsamkeit ist der Buddha in uns.

Wenn Sie auf die Spitze des Baumes schauen, sieht es vielleicht so aus, als könnte dieser jederzeit umgeblasen werden oder seine Äste könnten brechen. Doch wenn Sie Ihre Aufmerksamkeit auf den Baumstamm richten und Ihnen bewusst wird, dass der Baum tief in der Erde verwurzelt ist, dann erkennen Sie seine Stabilität und Festigkeit. Der Geist ist die Baumspitze, verweilen Sie also nicht dort; bringen Sie Ihren Geist in den Stamm. Der Bauch ist der Stamm, halten Sie sich also daran, atmen Sie achtsam und tief und dann werden die heftigen Emotionen vergehen. Wenn Sie eine Emotion überlebt haben, wissen Sie, dass es das nächste Mal auch der Fall sein wird. Doch warten Sie nicht auf das nächste Gefühl, um zu praktizieren. Es ist wichtig, dass Sie sich tagtäglich im achtsamen, tiefen Atmen üben. Nach drei Wochen werden Sie sich schon automatisch daran erinnern, wenn ein heftiges Gefühl aufkommt.

Vielleicht retten Sie einem Kind das Leben, wenn Sie ihm diese Übungspraxis vermitteln. Wenn die Lehrenden wissen, wie sie selbst mit ihren Gefühlen umgehen, werden sie ihre Schülerinnen und Schüler dabei unterstützen können, es ihnen nachzutun. Manche Schülerinnen und Schüler sind immer wieder so von Gefühlen überwältigt, dass sie gar nicht lernfähig sind. Von daher ist es so entscheidend, dass die jungen Menschen Unterstützung im Umgang mit ihren Gefühlen finden. Machen Sie daher in der Klasse unbedingt Tiefenentspannung und bringen Sie Ihren Schützlingen die Bauchatmung bei. Ich hoffe sehr, dass diese Übungspraxis im Erziehungsbereich weite Verbreitung finden wird.

PAARWEISE BAUCHATMUNG

Erzählen Sie Ihrer Klasse in Ihren eigenen Worten, wie man die Bauchatmung üben und sich um seine Einsiedelei, seinen Schutzraum, kümmern kann. Fragen Sie dann die Kinder:

Habt ihr in eurem Leben schon solche Stürme erlebt, bei denen ihr von ganz heftigen Gefühlen überwältigt wurdet? Wie seid ihr damit umgegangen? Habt ihr schon mal andere Leute solche emotionalen Stürme durchleben sehen? Wie sind die damit umgegangen? Jetzt lernen wir, wie wir durch unsere heftigen Gefühle hindurchatmen können, sodass wir sie beruhigen.

Für die Übung sollen sich die Kinder dann paarweise zusammenfinden. Ein Kind legt sich hin, das andere setzt sich an seine Seite und legt ihm leicht die Hand auf den Bauch. Zusammen können die beiden nun den Ein- und Ausatem identifizieren, vielleicht zählen sie dabei bis zu einer bestimmten Zahl. Dann werden die Plätze getauscht. Fragen Sie am Ende der Übung:
Wie war das, so zu atmen?

Nun legen sich alle Kinder hin und lassen ihre Hände auf dem Bauch ruhen, um das Heben und Senken deutlicher zu spüren. Oder sie legen sich ein Buch oder etwas vergleichbar Schweres auf den Bauch, dessen Gewicht sie beim Ein- und Ausatmen spüren und bei dem sie das Heben und Senken sehen können. Nach ungefähr einer Minute setzen die Kinder sich wieder auf. Fragen Sie:

Konntet ihr euch die ganze Zeit auf euren Bauch und euer Atmen konzentrieren? War das anders als bei der Übung mit einem Partner?
Üben die Kinder diese Art des Atmens regelmäßig, werden sie sich während eines emotionalen Sturms leichter daran erinnern.

10. Kapitel

Ein liebevolles Klassenzimmer: Probleme und Schwierigkeiten heilen

Eines Tages unternahm der Buddha in den nahen Wäldern eine Gehmeditation und auf dem Rückweg hob er einige Simsapa-Blätter auf. Am Waldesrand sah er eine Gruppe Mönche stehen. Er fragte sie: »Liebe Freunde, welches sind mehr, die Simsapa-Blätter im Wald oder die in meiner Hand?« Die Mönche antworteten: »Lieber Lehrer, die Blätter in Ihrer Hand sind, verglichen mit den Simsapa-Blättern im Wald, doch sehr wenige.« Der Buddha sagte: »Liebe Freunde, mein Wissen ist sehr umfassend und groß, doch was ich ausgesucht habe, euch zu lehren, ist recht begrenzt. Ich lehre euch nicht alle Dinge, die ich weiß, denn ich glaube nicht, dass sie für eure Transformation, eure Heilung und euer Glück wichtig sind. Ich biete euch nur die Dinge an, die ihr wirklich braucht.«

Und genauso sollten wir unseren Kindern in erster Linie das anbieten, was sie wirklich brauchen. Wenn wir mehr Zeit haben, dann können wir ihnen auch noch weitere Kenntnisse vermitteln. Ich hoffe, dass dies auch die Verantwortlichen im Erziehungsbereich so sehen. Sie sollten wissen, dass die Lehrer/innen aufgrund des vollen Curriculums meist unter dem Gefühl leiden, viel zu wenig Zeit zu haben. Schüler/innen sind kaum lernfähig, wenn sie unter Gewalt, Verzweiflung, Wut und mangelnder Liebe leiden. Damit müssen sich die Verantwortlichen befassen.

Wir wissen, dass wir alle tief greifende Bedürfnisse und Wünsche haben. Das tiefgreifendste Bedürfnis ist das, zu lieben und geliebt zu werden. Es muss einen Weg geben, diese Samen der Liebe in den Schüler/innen zu berühren. Zu lieben ist eine Kunst. Wenn Lehrende oder Erziehende wissen, wie man liebt, werden sie auch ihre Schüler/innen lehren können, wie man liebt und wie man Liebe empfängt.

Ein zweites tief greifendes Bedürfnis ist das zu verstehen. Sind wir neugierig und wissensdurstig, sind wir bestrebt zu lernen. Können wir in unseren Schüler/innen diese Samen berühren, wollen sie gern lernen. Wir müssen sie dann nicht drängen, und das Lehren und Lernen wird zu einer Freude.

Wenn ich einen Klassenraum betrete, empfinde ich immer große Freude. Sehe ich die Gesichter meiner Schülerinnen und Schüler, fühle ich mich glücklich und auch sie sind glücklich, weil wir dieselben Wünsche teilen. Die Objekte unseres Lehrens und Lernens sollten wir zu etwas Freudigem machen, weil das die Liebe und die Neugier sowohl in den Lernenden als auch den Lehrenden berührt.

Das ist nicht nur den Schüler/innen möglich, sondern auch uns, denn wir Lehrende haben ja auch das Bedürfnis zu lieben, geliebt und verstanden zu werden. Und wir brauchen nicht nur das Verständnis unserer Schüler/innen, sondern auch das der Schulleitung, unserer Kolleg/innen, der Schulverwaltung und der politisch Verantwortlichen in diesem Bereich. Ohne Verständnis werden wir nicht glücklich sein und unseren Beruf nicht gut machen. Menschen im Erziehungsbereich müssen lernen, einander zuzuhören und liebevoll miteinander zu sprechen, um sich mit mehr Verständnis zu begegnen und auch die Schwierigkeiten und Nöte der anderen zu sehen. Eine Schule kann wie eine Sangha funktionieren, eine Sangha der Lehrenden und Erziehenden. Wir können zusammenkommen, uns über unsere Sorgen und Einsichten austauschen und uns bei der Lösung von Problemen gegenseitig helfen.

Viele von uns sind begabt genug, solche Sitzungen des tiefen Zuhörens und liebevollen Sprechens im Erziehungsbereich zu organisieren.

Wir können ein paar Mitglieder unserer Gemeinschaft auswählen, die unsere Anliegen vorbringen. Wir sollten Verantwortliche aus diesem Bereich, auch aus der Politik, einladen, damit sie uns zuhören. Das ist die kollektive Praxis der Vierten Achtsamkeitsübung zum tiefen Zuhören und liebevollen Sprechen.* Damit werden wir zumindest langfristig heilsame Veränderungen für uns als Lehrende, aber auch für die uns Anvertrauten bewirken.

Erfahrungen austauschen: Eine Lehrerin spricht über ihr Leiden

Aus einer Sitzung zum tiefen Zuhören bei einem Thich-Nhat-Hanh-Retreat

Ich lebe in Brooklyn, New York, und unterrichte Dritt- und Viertklässler. Ich mache mir um meine Schüler viele Sorgen. Sie sind voller Unruhe und haben so viel im Kopf. Sie haben nicht viele Auswege für ihre Angst und Unruhe.

Manchmal geht es im Klassenzimmer wirklich ganz verrückt zu. Ich stoppe dann alles und sage: »Wir müssen jetzt für eine Minute mit

* **Die Vierte Achtsamkeitsübung lautet:** Im Bewusstsein des Leidens, das durch unachtsame Rede und aus der Unfähigkeit, anderen zuzuhören, entsteht, bin ich entschlossen, liebevolles Sprechen und mitfühlendes Zuhören zu üben, um Leiden zu lindern und Versöhnung und Frieden in mir und zwischen anderen Menschen, ethnischen und religiösen Gruppen und Nationen zu fördern. Im Wissen, dass Worte sowohl Glück als auch Leiden hervorrufen können, bin ich entschlossen, wahrhaftig zu sprechen und Worte zu gebrauchen, die Vertrauen, Freude und Hoffnung wecken. Wenn Ärger in mir aufsteigt, bin ich entschlossen, nicht zu sprechen. Ich werde achtsames Atmen und Gehen praktizieren, um meinen Ärger zu erkennen und tief in seine Wurzeln zu schauen, besonders in meine falschen Wahrnehmungen und mein fehlendes Verständnis für mein eigenes Leiden und das der anderen Person. Ich werde in einer Weise sprechen und zuhören, die mir und dem anderen helfen kann, Leiden zu transformieren und einen Weg aus schwierigen Situationen zu finden. Ich bin entschlossen, keine Nachrichten zu verbreiten, wenn ich nicht sicher bin, dass sie der Wahrheit entsprechen, und Äußerungen zu unterlassen, die Trennung oder Uneinigkeit verursachen können. Ich werde »Rechtes Bemühen« praktizieren, um meine Fähigkeit zu Liebe, Verstehen, Freude und Unvoreingenommenheit zu nähren und um allmählich Ärger, Gewalt und Angst, die tief in meinem Bewusstsein liegen, zu verwandeln.

allem aufhören.« Ich mache das Licht aus und frage: »Was ist los? Warum ist die Energie so hoch? Warum benehmen sich alle so daneben?« Dann sagen sie zu mir: »Ich habe heute Nacht nicht viel geschlafen.« »Es war so laut im Haus.« »Ich habe auf meine Mutter gewartet, aber sie ist erst um Mitternacht von der Arbeit gekommen.« »Ich hab kein Frühstück gehabt.« Wir sprechen dann darüber und das hilft und dann können wir wieder zu unserem Unterrichtsstoff zurückkehren. Wenn ich die Unruhe der Schüler/innen nicht erkenne oder einfach sage: »Ich muss mit dem Mathe-Stoff fertig werden«, dann ist die Lektion vorbei und ich habe eine Chance verpasst, die Kinder zu erreichen. Und ich hoffe, liebe Eltern, dass ihr mehr Zeit mit euren Kindern verbringen könnt. Aus meiner Sicht als Lehrerin ist die wichtigste Hilfe für unsere Kinder unser Zuhören, um zu wissen, was in ihnen vorgeht. Sie sind sehr besorgt um euch und sehr besorgt um sich. Wir müssen sie zusammen erziehen, ihnen zu der Sprache verhelfen, in der sie ihre Gefühle ausdrücken können. Wir müssen unseren Kindern diesen Ausweg geben, diese Ohren, dieses achtsame Zuhören.

Der Klassenraum als Familie

Wir sollten Meditation nicht mehr nur für uns üben. Wir müssen sie als Gemeinschaft, als eine Sangha üben. In der Schule sollten sich die Lehrenden Zeit für die Sorgen und Nöte der Schüler/innen nehmen. Dann wird es ihnen besser gehen und sie werden leichter lernen und die Dinge aufnehmen, die wir ihnen vermitteln wollen. Die Schüler/innen sollten aber auch die Möglichkeit haben, etwas von dem Leid der Erwachsenen zu erfahren. Lehrende können durchaus von ihrem Leid und ihren tiefsten Bestrebungen sprechen. Ein anderer Lehrer oder älterer Schüler kann dabei die Rolle eines Koordinators übernehmen, damit es zu Dialog und Austausch kommt. Auf diese Weise verwandeln wir die Klasse in eine Art Sangha, Gemeinschaft oder Familie.

Lehrende und Lernende könnten Sitzungen organisieren, in denen sie zusammen spielen, Musik hören, spazieren gehen, zusammen atmen oder essen. Auf diese Weise werden wir zu einer Familie und verwandeln unser Klassenzimmer in einen Ort, an dem Kommunikation, wechselseitiges Verständnis und Minderung von Leid möglich werden. Das wird Lehren und Lernen begünstigen und damit die Erziehung zu einer freudvollen Angelegenheit machen. Selbst wenn wir als Lehrer/in nicht viel Geld verdienen, kann uns unser Beruf doch viel Freude machen, da wir Weisheit und Liebe vermitteln.

Was muss geschehen, damit das Klassenzimmer für Lehrende und Lernende zu einem glücklichen Ort wird? Das ist ein Koan, ein Thema für unsere Meditation: Wie können wir den uns Anvertrauten helfen, damit sie mit Freude an die Schule und ihre Klasse denken? Wie können Lehrende mit Begeisterung an ihre Klasse denken? Sie können ihr Talent und ihre Vorstellungskraft nutzen und sie mit den Talenten und der Vorstellungskraft der Lernenden verbinden, um die Klasse zu einem wunderbaren Ort für alle zu machen. Das ist möglich.

Gruppen zur liebevollen Unterstützung

Gibt es Probleme in der Klasse, können Lehrende den Kindern helfen, eine Gruppe zur liebevollen Unterstützung zu bilden, um das Leid besser zu verstehen und zu verwandeln. Zwei, drei, vier oder fünf Kinder können dabei von der Lehrerin, dem Lehrer ausgewählt werden, um eine solche Gruppe zu bilden. Der Zweck der Gruppe zur liebevollen Unterstützung besteht darin, in der Klasse Frieden einzuüben, um dadurch allen Kindern und Lehrenden zu Glück zu verhelfen. Nachdem die zunächst ausgewählte Gruppe einige Erfahrungen damit gesammelt hat, können andere Kinder dazukommen und in der Gruppe zur liebevollen Unterstützung tiefes Zuhören erlernen. Kinder haben oft das Gefühl, ihnen werde nicht zugehört, oder sie fühlen sich nicht verstanden, und darunter leiden sie. Durch die Praxis des tiefen Zuhörens und tiefen Schauens wird sich ein Ausweg aus dem Leiden von selbst zeigen. Diese Praxis kann zu einer glücklichen, harmonischen Klasse führen.

Vielleicht schlägt Ihnen Ihre Gruppe zur liebevollen Unterstützung einmal vor, eine Sitzung des tiefen, mitfühlenden Zuhörens zu organisieren. »Liebe Lehrerin/Lieber Lehrer, wir möchten eine Sitzung haben, bei der wir Ihnen von all unseren Schwierigkeiten und Problemen erzählen können. Viele von uns haben in ihrer Familie und in der Klasse Probleme und wir wollen, dass Sie davon wissen.« Das ist eine sehr legitime Anfrage, und indem Sie den Kindern tief zuhören, praktizieren Sie bereits die Lehre des Buddha – tief in die Natur des Leidens hineinzuschauen. Die Schulverwaltung sollte solche Sitzungen ermöglichen, bei denen die Lehrenden den Problemen und Schwierigkeiten ihrer Schülerinnen und Schüler tief zuhören.

In Plum Village weinte eines Sommers ein sieben- oder achtjähriges Mädchen ganz bitterlich. Sie sagte, sie wisse nicht, warum ihr Lehrer sie jeden Tag so schlecht behandle und drangsaliere und wie sie das stoppen könne. Obwohl es so schwierig war für sie, zur Schule zu gehen, musste sie jeden Tag hin. Als ihr die ganze Sangha zuhörte, weinten viele von uns, selbst die Erwachsenen. Viele konnten sich an ähnliches Leid erinnern.

Wenn es in Ihrer Klasse eine Gruppe zur liebevollen Unterstützung gibt, könnte ein Kind in solch einer Lage sich an die Gruppe wenden und über sein Unglück sprechen: »Ich leide, bitte helft mir.« Dann wird die Gruppe sagen: »Wir sind bereit, dir zuzuhören. Erzähl uns von deinem Leid.« Und alle hören dem Kind zu.

Die Gruppe zur liebevollen Unterstützung kann nach Möglichkeiten suchen, diesem Kind zu helfen. Vielleicht bestimmt sie ein oder zwei Kinder, die der Lehrerin, dem Lehrer vom Leid des Mädchens erzählen sollen: »Liebe Lehrerin/Lieber Lehrer, ich weiß nicht, warum dieses Mädchen jeden Tag weint, doch sie sagt, es sei Ihretwegen. Sie leidet wirklich, sie will Sie nicht beschuldigen, sie will nur, dass es aufhört. Bitte sagen Sie uns, was wir tun können, damit sie nicht mehr leidet.«

Ich bin überzeugt davon, dass der Betreffende, wenn er so angesprochen wird, etwas tun wird, um die Situation zu verändern.
Fühlt sich das Kind stark genug, kann es sein Anliegen auch selbst vorbringen: »Frau/Herr ..., ich weiß nicht, warum Sie mich jeden Tag drangsalieren und mich unglücklich machen. Ich weiß nicht, was ich getan habe. Bitte sagen Sie mir, was an mir Sie ärgert, und ich werde mein Möglichstes tun, das zu ändern.« Das Kind kann in dieser liebevollen Sprache sprechen. Doch wenn das Kind zu wenig Selbstvertrauen besitzt, sollte es sich lieber an die Gruppe zur liebevollen Unterstützung wenden, damit diese sich des Problems annimmt. Das ist ein sehr friedvoller Weg, Dinge zu bereinigen.
Die Lehrenden können den Kindern auch davon erzählen, was sie selbst zu Hause in ihrer Familie zu erleiden haben und dass es zu viel für sie ist, wenn ihnen auch in der Schule noch Leid widerfährt. Gibt es eine Gruppe zur liebevollen Unterstützung, können die Kinder ihre Lehrerin, ihren Lehrer ermutigen, von ihrem Leid zu erzählen. Wenn die Kinder die Erwachsenen und deren Leid verstanden haben, werden sie freundlicher zu ihnen sein und sie werden wissen, wie sie sie unterstützen und mit ihnen zusammenarbeiten können. Glück ist nur bei guter Kommunikation zwischen Lehrenden und Lernenden möglich. Ist das nicht der Fall, werden die einen keine Inspiration haben zu lehren und die anderen keine zu lernen.

KONFLIKT-ROLLENSPIEL

Lassen Sie ein Kind eine Geschichte über einen selbst erlebten Konflikt erzählen. Wenn angebracht, bitten Sie das Kind, dieses Ereignis vorzuspielen. Dann überlegen Sie gemeinsam, wie man achtsamer und friedvoller damit hätte umgehen können.
Erinnern Sie die Kinder daran, zu ihrem Atmen zurückzukehren und sich ihrer Gefühle bewusst zu werden. Ermutigen Sie sie, eine Kon-

fliktsituation, wenn möglich, sofort zu verlassen, bevor sie vor Zorn in die Luft gehen oder wann immer sie das Gefühl haben, in Gefahr zu sein, dass so etwas geschieht. Sind sie dann ruhig genug, um mit der anderen Person über ihre Schwierigkeiten zu sprechen, sollten die Kinder in der Ich-Form reden und Verantwortung für die eigenen Gefühle übernehmen. Ermutigen Sie die Kinder, die konkreten Handlungen oder Worte, die sie aufgeregt haben, zu beschreiben, damit sie nicht die Sprache allgemeiner Anschuldigungen und Urteile verwenden. Zum Beispiel: Ich fühle mich verletzt und bin ärgerlich, wenn du sagst, du willst dein Spielzeug, dein Buch, deine Süßigkeiten mit mir teilen und es dann nicht tust. (Statt: Du bist ein Lügner und tust nie, was du versprochen hast!)*

Dann tragen die Kinder den Konflikt ein zweites Mal aus und verwenden dabei die Werkzeuge, die sich beim gemeinsamen Überlegen ergeben haben. Bei mehreren kurzen und prägnanten Darstellungen können Sie diese auch nacheinander als kleines Theaterstück zur Aufführung bringen lassen.

Rollenspiele können ebenfalls gut von Eltern und Kindern oder Lehrer/innen und Schüler/innen zusammen gemacht werden. Spielen Sie eine schwierige Situation durch; zum Beispiel, das Kind morgens zum Aufstehen zu bewegen; oder die Aufmerksamkeit der sich unterhaltenden Schüler/innen zu gewinnen. Spielen Sie die Situation dann noch einmal durch, dieses Mal in einer Weise, die den Bedürfnissen beider Seiten entgegenkommt. Manchmal hilft es, wenn andere unsere Schwierigkeiten darstellen.

---

* Siehe auch die Bücher zur »Gewaltfreien Kommunikation« von Marshall B. Rosenberg

PAARWEISES TIEFES ZUHÖREN*

Es ist sehr wichtig, dass wir imstande sind, sowohl auf uns zu hören, als auch anderen zuzuhören. Nur wenn wir auf uns selbst hören können, sind wir auch in der Lage, anderen zuzuhören. Was bedeutet es, auf sich selbst zu hören?
[Auf den eigenen Körper hören und ins Bett gehen, wenn man müde ist; sich nicht zu sehr antreiben, sondern die eigenen Grenzen respektieren.]
Einem anderen Menschen tief zuzuhören ist wirklich ein Geschenk mit großer Heilkraft. Könnt ihr euch an Zeiten erinnern, in denen euch jemand wirklich zugehört hat? Wie hat sich das angefühlt, so Gehör zu finden? Woran habt ihr gemerkt, dass die andere Person euch so gut zugehört hat? Wie hat sie ihre Offenheit gezeigt?

Sie können an der Tafel die Eigenschaften aufschreiben, die die Kinder aufzählen, um tiefes Zuhören zu beschreiben. Wenn dabei die folgenden Punkte nicht erwähnt werden, sprechen Sie sie selbst an: die Wichtigkeit, andere nicht zu unterbrechen, mit dem Herzen zu hören, ohne Urteile oder Vergleiche zuzuhören, das eigene innere Geschnatter und die unentwegten Kommentare über das Gesagte zu beruhigen. Denn nur, wenn wir all dies berücksichtigen, werden wir zu einem klaren Spiegel für andere, reflektieren das, was wir hören. Erinnern Sie die Kinder daran, dass wir beim tiefen Zuhören nur ein einziges Ziel haben: Die andere Person soll sich gehört und akzeptiert fühlen.
Damit die Kinder sich mehr darin üben können, lassen Sie sie sich paarweise zusammenfinden. Entscheiden Sie, wer als Erster sprechen soll. Schreiben Sie drei Themen an die Tafel, von denen sich die Sprecher dann jeweils eines aussuchen. So könnten die Kinder zum Beispiel über eine kürzlich erlebte Schwierigkeit sprechen, über etwas, das sie

* Das ist eine gute Übung für Jugendliche und kann für Kinder unter zwölf Jahren entsprechend modifiziert werden.

bald erwarten, oder darüber, wie sie sich gerade fühlen. Instruieren Sie die Kinder:

Jetzt werden wir mit dem Herzen sprechen und uns so wenig wie möglich dabei zensieren. Sagt einfach, was euch zu dem Thema in den Sinn kommt. Jeder von euch hat zwei oder drei Minuten Zeit dafür. Während der eine von euch beiden redet, hört der andere einfach mit ganzem Herzen zu, legt jeden Gedanken oder Kommentar beiseite und ist vollkommen da für den anderen.

Laden Sie die Glocke zu Beginn und am Ende ein.

Jetzt tauscht eure Rollen.

Nachdem sich die Partner ausgetauscht haben, kommen die Kinder wieder als Gruppe zusammen und sprechen über ihre Erfahrungen beim Zuhören und Reden.

War das schwierig oder einfach für euch? Hattet ihr das Gefühl, dass euch wirklich zugehört wird? Wie hat sich das körperlich und geistig angefühlt?

Das Umfeld heilen

Vielleicht ist es nötig, Sitzungen, in denen auf diese Weise zugehört wird, auf breiterer Ebene zu veranstalten, nicht nur in unserer eigenen Klasse. Wir hören unseren Schülerinnen und Schülern zu, und wenn eine Sitzung dafür nicht ausreicht, organisieren wir eine zweite oder dritte, damit wirklich jedes Kind sich aussprechen kann. Wir können andere Lehrer/innen einladen, unserem Beispiel zu folgen. Wir können auch die Schulleitung einladen, gemeinsam mit uns den Kindern zuzuhören.

Die Kinder sollten sich sorgfältig auf die Sitzung vorbereiten, um sich klar auszudrücken. Sie sollten sich sicher genug fühlen, um von all ihren Problemen zu sprechen – in der Familie und in der Schule. Wenn Kinder meinen, zu viele Hausaufgaben zu haben, sollten sie das ihren Lehrer/innen sagen. Der Fokus unserer Erziehung sollte nicht darauf liegen, die Gegenwart zu opfern, um in der Zukunft Dinge zu erreichen, sondern darauf, den gegenwärtigen Moment zu genießen. Ist die Gegenwart schrecklich, kann die Zukunft kein Glück bringen. Die Pflicht der Lehrenden besteht darin, die Probleme, die Schwierigkeiten und die tiefsten Sehnsüchte ihrer Schüler/innen zu verstehen. Vielleicht brauchen sie dazu viele Sitzungen des Zuhörens, und die Schulverwaltung sollte ihnen diese Zeit geben. Das ist wirkliche Lehr-Ethik. Die Kinder sollten ebenfalls ihren Wunsch und ihren Willen zum Ausdruck bringen, ihren Lehrer/innen zuzuhören, denn auch diese haben Kummer und Probleme in ihren Familien, in der Klasse. Einige brechen sogar in Tränen aus wegen der Brutalität ihrer Schüler/innen. Manche Kinder haben sehr viel Gewalt verinnerlicht und sie machen sich einen Spaß draus, anderen Kindern Leid zuzufügen. Und manchmal tun sie das Gleiche ihren Lehrer/innen an. Sie wissen genau um deren Schwäche und es bereitet ihnen Vergnügen, sie leiden zu sehen. Und darum sind oft viele Sitzungen tiefen Zuhörens nötig, damit beide Seiten vom Leid der jeweils anderen Seite hören.

Erfahrungen austauschen: Liebende Güte im Klassenraum

Von Susanna Barkataki, Sequoyah Schule, USA

Das ist mein Unterrichtsbeginn jeden Morgen: Ich konzentriere mich auf meinen Atem und dann stelle ich mir vor, dass meine Wurzeln tief und fest im Boden verankert sind, meine Spitze in den unendlichen blauen Himmel ragt und ich eintauche in die liebevolle Energie des

Universums. Ich spüre Ruhe, Freiheit, Dankbarkeit und Glück und leite diese Energie dann an meine Schüler/innen weiter. Ich schaue die Kinder an, sage im Geist ihre Namen und sende ihnen Worte der liebenden Güte. Ich benutze die traditionellen Sätze der liebenden Güte, die ich gelernt habe, manchmal passe ich sie etwas an die jeweilige Situation an: »Möge Miro glücklich sein. Möge es ihm gut gehen. Möge er Selbstvertrauen haben. Möge er Freude am Basketballspiel heute Nachmittag haben.« Nacheinander wende ich mich so jedem Kind zu. »Möge Anna glücklich sein. Möge sie frei von ihrem Leid sein. Möge sie Frieden finden.«

Wenn ich dies im Klassenraum vor den Schüler/innen tue, lächle ich nacheinander jede/n freundlich an. Oft scheinen sie die Energie zu spüren und lächeln zurück, obwohl ich die Worte nur still für mich sage. Zu Hause muss ich oft vor Freude schmunzeln, wenn ich mir ihre Gesichter einzeln vorstelle. Ich freue mich dann auf meinen Unterrichtsbeginn mit ihnen. Manchmal fühle ich mich auch gestresst oder traurig und dann ist es schwieriger für mich, diese Übung für andere zu machen. In solchen Fällen richte ich die liebevolle Energie zunächst einmal auf mich selbst. Kann ich für ein oder zwei Tage nicht genügend Freude aufbringen, um einen Schritt weiterzugehen, weiß ich, dass es Zeit für eine Pause ist, in der ich mich um mich selbst kümmern muss.

Diese Praxis, meinen Schüler/innen liebevolle Energie zuzusenden, hilft mir, mich daran zu erinnern, worum es im Kern beim Lehren geht, und sie bringt mehr Mitgefühl und Fürsorge in meinen Tag. Auch die Kinder können liebevolle Güte anbieten. Ich habe schon oft gesehen, wie strahlend und stark sie dabei aussehen können. Wir alle können diese Liebe und Freude in unseren Herzen erwecken, sie mit anderen teilen und offen dafür sein, sie auch zu empfangen.

Erfahrungen austauschen: Herausfordernde Schüler/innen umarmen

Von Angela Bergmann, Deutschland

In jeder Klasse gibt es Schüler/innen, die uns herausfordern, und Sie werden immer Ihren eigenen Weg finden müssen, um mit ihnen zu arbeiten. Ich habe zwei Möglichkeiten gefunden, die für mich funktionieren:

Erstens versuche ich etwas bei dem Schüler zu finden, was ich mag, etwas, was er gut macht, oder etwas, was wir gemeinsam haben, irgendetwas, was es mir ermöglicht, mich mit dem Kind zu verbinden. Wenn ich das kann, vermag ich auch eine Beziehung zu ihm aufzubauen. Und ich versuche dann, diese Art der Verbindung in mein Lehren einzubeziehen. Zum Beispiel hatte ich einen Schüler, der meinen Musikgeschmack teilte. Und so ermutigte ich ihn, Musik in die Schule mitzubringen (die wir spielen durften), damit wir unseren Sportunterricht mehr genießen konnten.

Zweitens suche ich mir eine Lehrerin aus dem Kollegium, die diesen Schüler wirklich mag, und ich spreche mit der Kollegin über ihn, um auch seine positiven Eigenschaften zu sehen. Ist die Kollegin bereit dazu, lade ich sie ein, in die Klasse zu kommen und mit dem Schüler zu arbeiten. Vielleicht wird er sich dann in der Klasse ganz anders fühlen. Wenn ich mit einem Schüler nicht zurechtkomme, schafft das in uns beiden Stress und Spannungen. Ist dann jemand da, der den Schüler mag, in die Klasse kommt und sich beteiligt, gibt uns das eine neue Möglichkeit der Zusammenarbeit.

Erfahrungen austauschen: Wenn Dinge schwierig werden

Von Tinke Spruytenburg, Niederlande

Jeder, der mit Kindern arbeitet, wird sich an welche erinnern, mit denen das nicht leicht war. Folgende Ideen mögen da hilfreich sein.

Mitfühlend bleiben: Es gibt keine schwierigen Kinder. Es gibt nur Kinder in schwierigen Situationen. Ihre persönliche Geschichte oder ihre gegenwärtige Situation stresst sie vielleicht und macht sie unruhig, sodass sie kaum zuhören und sich am Unterricht beteiligen können.
Zugehörigkeit schaffen: Oft reicht es, wenn Sie das Kind einladen, in Ihre Nähe zu kommen, und Sie ihm eine Hand auf die Schulter oder den Rücken legen. Dadurch schaffen Sie eine sichere Atmosphäre und Ihr achtsames Atmen, Ihre achtsamen Worte unterstützen das Kind. Kinder, denen es nicht gut geht, haben oft das Bedürfnis nach Zugehörigkeit. Geben Sie diesen Kindern eine besondere Aufgabe – wie die Glocke einladen –, damit sie sich wertgeschätzt, nützlich und anerkannt fühlen.
Die »Tu«-Sprache verwenden: Oft fordern wir Kinder auf, etwas *nicht* zu tun, und diese reagieren nicht darauf. Vielleicht deshalb, weil sie nicht wissen, *was* sie denn tun sollen. Statt ihnen also zu sagen, sie sollten nicht die Mauer hochklettern, sagen Sie ihnen, sie sollten auf dem Boden bleiben. Es braucht einige Übung, sich in dieser Sprache auszudrücken, aber angesichts der Ergebnisse ist es das wert.
Berichtigen im privaten, loben im öffentlichen Rahmen: Wenn Sie ein Kind berichtigen oder tadeln müssen, versuchen Sie, dabei neutral zu bleiben und dem Kind Raum zu geben, um zu erklären, wie etwas geschehen konnte. Oft sind Kinder durchaus in der Lage, sich selbst zu berichtigen oder Fehler einzugestehen. Gießen Sie die heilsamen Samen im Kind, indem Sie es dafür loben, Verantwortung für das eigene Verhalten zu übernehmen, und helfen Sie ihm – falls nötig –, Möglich-

keiten zu finden, mit den Menschen, die es verletzt haben mag, zusammenzukommen.

Erkennen Sie bei einer Gruppe von Kindern, die sich destruktiv und zerstörerisch verhält, deren Unbehagen an und laden Sie sie ein, bei der Verbesserung der Situation mitzuwirken: Fragen Sie sie, was sie denn lieber tun würden.

Ich erinnere mich an eine Gruppe von Mädchen im Kinder-Programm in Plum Village vor einigen Jahren. Von ersten Tag an saßen sie immer alle zusammen in einer Ecke des Kinderzimmers, sprachen nur miteinander, benutzten Materialien, ohne zu fragen, und waren ständig mit den Haaren der anderen beschäftigt. Sie antworteten auf keine Fragen, beteiligten sich nicht am Singen oder am Austausch und schienen keinerlei Interesse am Programm zu haben. Die Programmleiter/innen wussten nicht, wie sie diese Mädchen motivieren könnten, und die Mädchen spürten vielleicht unser Unbehagen. Nach zwei Tagen ging eine Nonne, die bei dem Programm half, während der Mittagspause in das Kinderzimmer, da sie wusste, dass die Mädchen dort sein würden, malend und quatschend. Die Schwester erzählte von ihren Gefühlen und bat die Mädchen ihrerseits davon zu erzählen, wie sie das Programm fänden, während sie alle zusammen auf ihren Kissen saßen und Schmuck machten. Durch diese spontane Gruppenaktivität konnten sich die Mädchen in die Gesamtgruppe integrieren und nahmen an den restlichen Aktivitäten teil. Und am Ende gab es zum Vollmondfest eine tolle Aufführung aller Kinder, auch der Mädchen.

11. Kapitel

Alles ist miteinander verbunden, alles setzt sich fort

Wenn ihr diese Buchseite betrachtet, denkt ihr vielleicht, dass sie nicht existierte, bevor sie in der Papierfabrik hergestellt wurde. Doch das Stück Papier hat schon davor in vielfältigen Formen existiert. Da gibt es eine Wolke, die durch dieses Papier schwebt. Ohne Wolke könnte es keinen Regen geben, und es könnte kein Baum wachsen, der uns dieses Papier gibt. Entfernt ihr die Wolke aus diesem Papier, würde es in sich zusammenfallen. Schaut ihr tief in dieses Papier hinein und berührt ihr es tief, könnt ihr auch die Wolke berühren.

Hat das Papier schon existiert, bevor es geboren wurde? Ist es aus dem Nichts gekommen? Nein, Etwas kann nie aus Nichts kommen. Das Stück Papier ist mit dem Sonnenschein, dem Regen, der Erde, der Papierfabrik, den Arbeitern dort, der Nahrung, die diese zu sich nehmen, aufs Engste verbunden, es »ist inter« mit ihnen. Die Natur des Papiers ist sein Intersein. Wenn ihr das Papier berührt, berührt ihr alles im Kosmos. Vor seiner »Geburt« in der Fabrik war das Papier der Sonnenschein, der Baum. Der sogenannte Geburtstag des Papiers ist nur ein »Tag der Kontinuität, der Fortführung«. Wir sollten uns nicht von Erscheinungen täuschen lassen. Wir wissen, dass das Papier niemals geboren wurde. Es war schon vorher da, denn es ist ja nicht aus dem Nichts heraus entstanden. Wie könntet auch ihr plötzlich aus dem

Nichts heraus entstehen? Wie könntet ihr Jemand aus Niemand werden? Das ist unmöglich!
Der Moment eurer Geburt im Krankenhaus oder zu Hause war nur ein Moment der Fortführung, denn es gab euch ja bereits im Mutterleib neun Monate lang. Das bedeutet, dass euer Geburtsdatum auf eurer Geburtsurkunde nicht korrekt ist, ihr müsstet es neun Monate nach hinten datieren.
Jetzt glaubt ihr vielleicht, dass der Moment eurer Empfängnis der Moment gewesen wäre, an dem eure Existenz begann. Doch wenn wir tief schauen, erkennen wir, dass die eine Hälfte von euch in eurem Vater und die andere Hälfte in eurer Mutter war. Und von daher ist sogar der Moment der Empfängnis nur ein Moment der Fortführung. In der Meditation schauen wir tief in uns hinein, um unsere wahre Natur zu erkennen, die Natur von Nicht-Geburt und Nicht-Tod.
Stellt euch das Meer vor mit seinen vielen Wellen. Die Wellen sind alle unterschiedlich, einige sind groß, andere sind klein, einige sind schöner als die anderen. Es gibt viele Möglichkeiten, Wellen zu beschreiben, doch wenn ihr eine Welle berührt, berührt ihr immer etwas anderes: Wasser.
Stellt euch vor, ihr seid eine Welle auf der Oberfläche des Meeres. Beobachtet euer Entstehen: Ihr steigt an die Oberfläche empor, bleibt für eine Weile und dann kehrt ihr ins Meer zurück. Ihr wisst, dass ihr ab irgendeinem Punkt aufhören werdet. Doch wenn ihr wisst, wie ihr den Grund eures Seins, das, woraus ihr wirklich besteht – Wasser –, berührt, wird all eure Angst schwinden. Ihr werdet sehen, dass ihr als Welle das Leben des Wassers mit allen anderen Wellen teilt. Das ist die Natur unseres Interseins. Wenn wir nur das Leben einer Welle führen und nicht imstande sind, das Leben des Wassers zu führen, werden wir sehr leiden. In Wirklichkeit ist jeder Moment ein Moment der Fortführung. Ihr führt das Leben in neuen Formen fort, das ist alles.
Wenn eine Wolke dabei ist, Regen zu werden, fürchtet sie sich nicht, denn obwohl sie weiß, wie wundervoll es ist, als Wolke am Himmel zu schweben, weiß sie auch, wie großartig es ist, als Regen auf die Felder

und ins Meer zu fallen. Und darum ist der Moment, in dem die Wolke zu Regen wird, kein Moment ihres Todes, sondern ihrer Fortführung. Es gibt Menschen, die glauben, sie könnten Dinge vernichten, könnten andere auslöschen, wie dies John F. Kennedy, Martin Luther King oder Mahatma Gandhi widerfahren ist, in der Hoffnung, diese würden für immer verschwinden. Doch tatsächlich wird der, den wir töten, unter Umständen stärker als zuvor.

Selbst ein Stück Papier kann nicht zu Nichts werden. Schaut, was passiert, wenn ihr ein Streichholz an das Papier haltet. Es wird nicht zu Nichts; es setzt sich fort als Hitze, als Asche, als Rauch. Ein Teil des Papiers ist zu Rauch geworden und hat sich einer Wolke angeschlossen. Morgen sehen wir es vielleicht schon wieder in Form eines Regentropfens. Das ist die wahre Natur eines Stücks Papier. Es ist sehr schwierig für uns, das Kommen und Gehen des Papiers zu erfassen. Wir erkennen, dass ein Teil des Papiers noch immer da ist, irgendwo am Himmel in Form einer kleinen Wolke. Und so können wir sagen: »Bis dann, wir sehen uns morgen wieder.«

FRAGE & ANTWORT

Alter und Tod

Kind: Wie alt bist du?

Thay: Wie alt bist du denn?

Kind: Ich bin sechs, fast schon sieben.

Thay: Hör zu, ich gebe dir eine gute Antwort. Ich bin die Fortführung des Buddha, von daher bin ich 2600 Jahre alt.

Kind: Oh!

Thay: Ich bin auch die Fortführung meines Vaters, also bin ich 110 Jahre jung. Ich weiß, dass du meine Fortführung bist, und ich spüre, dass ich in dir bin; so bin ich also sechs Jahre alt. Das ist wahr, denn ich bin in diesem Kind wiedergeboren worden. Es wird mich in die Zukunft bringen. Von daher bin ich ziemlich jung, sechs Jahre alt. Wenn du dich umschaust, wirst du überall etwas von mir sehen können. Ich bin unterschiedlich alt. Okay?

Den Tod transzendieren

Kind: Warum müssen wir eines Tages sterben?

Thay: Stell dir vor, es gäbe nur Geburt und keinen Tod. Dann gäbe es eines Tages keinen Stehplatz mehr auf der Erde. Zu sterben bedeutet, für unsere Kinder Platz zu machen. Und wer sind unsere Kinder? Unsere Kinder sind wir selbst. Unsere Kinder sind unsere neue Manifestation. Der Sohn ist die Fortführung des Vaters. Der Vater hat das Gefühl, wenn er seinen Sohn betrachtet, dass er nicht sterben wird, da sein Sohn ihn fortsetzen wird. Schaust du auf diese Weise, erkennst du, dass du nicht sterben wirst, du setzt dich in deinem Sohn fort. Und dein Sohn stirbt nicht, da er sich in deinem Enkel fortsetzt usw. Buddhistische Meditation lässt uns tief schauen, sodass wir erkennen: Es gibt kein wirkliches Sterben, nur Fortführung in verschiedenen Formen.

Schau dir die Wolke am Himmel an. Die Wolke hat vielleicht vor dem Sterben Angst, doch irgendwann muss sie sich in Regen umwandeln. Doch damit stirbt sie nicht wirklich. Sie verändert ihre Form. Die Wolke verwandelt sich in Regen und setzt sich darin fort. Schaut ihr tief in den Regen hinein, seht ihr die Wolke. Es gibt kein Sterben. Ihr existiert in verschiedenen anderen Formen. Die Wolke lebt weiter in Form von Schnee, von Regen, in Form eines Flusses oder in Form von Eis. Eines Tages wird die Wolke zu Eiscreme. Wenn die Wolke sich nicht wandeln würde, wie könnten wir dann Eiscreme essen?

Ich habe keine Angst vor dem Sterben, denn ich sehe mich in meinen Schülerinnen und Schülern, ich sehe mich in dir. Ich gebe mich dir. Hast du etwas Verstehen, etwas Mitgefühl und Erwachen von mir empfangen, dann setzt du mich fort. Wenn mich dann später jemand sehen will, muss er nur zu dir kommen und schon kann er mich sehen. Ich bin nicht nur hier *[deutet auf sich]*, ich bin auch hier *[deutet auf die Kinder]*. Das gefällt mir an buddhistischer Meditation am besten. Sie kann uns helfen, den Tod zu überschreiten.

Der Tod ist für die Geburt, für unsere Fortführung sehr wichtig. In unserem Körper gibt es in jeder Minute sehr viele Zellen, die sterben, um Platz zu schaffen für neue Zellen. Geburt und Tod gibt es fortwährend in unserem Körper. Ohne Tod könnten wir in unserem Körper nicht fortbestehen. Und darum sind Geburt und Tod eng miteinander verbunden. Geburt bringt Tod hervor und Tod bringt Geburt hervor. Würden wir jedes Mal, wenn eine unserer Zellen stirbt, in Tränen ausbrechen, hätten wir bald nicht genug übrig. Würden wir nach dem Tod einer Zelle jedes Mal ein Begräbnis organisieren, könnten wir den lieben langen Tag nichts anderes mehr tun. Darum müssen wir erkennen, dass es Geburt und Tod in jedem Moment in uns gibt. Und darum ist auch die Rolle des Todes so wichtig. Das ist die erste Antwort. Doch die zweite ist besser. Schaust du tief genug, siehst du weder Geburt noch Tod, du siehst nur eine Fortführung.

Kein Danach, kein Davor

Kind: Was war zuerst, die Henne oder das Ei?

Thay: War die Henne eher da oder das Ei? Das ist eine sehr interessante Frage. Doch weil du eine Meditationsschülerin bist, solltest du sie nicht zu schnell beantworten. Du musst tief schauen, um die Antwort zu erkennen. Wenn du zu bestimmten Zeiten des Jahres einen Zitronenbaum betrachtest, siehst du nur die Äste und Blätter, du siehst keine Blüten und keine Früchte. Aber das nur, wenn du keine Meditation übst. Wenn du eine gute Meditierende bist und tief schaust, wirst du bei dem Zitronenbaum selbst dann Blüten und Früchte erkennen können, wenn gar keine da sind. Sie haben sich nur noch nicht manifestiert, denn dazu bräuchten sie noch ein paar weitere Bedingungen wie Zeit, Regen, Wärme. Du kannst also nicht sagen, da wären keine Zitronen. Sie sind da, aber noch verborgen. Der Zitronenbaum und die Äste, die Blätter, die Blüte und die Früchte – sie sind alle zusammen da, zur selben Zeit. Du könntest gar nicht sagen, was zuerst da ist. Sie zeigen sich zu unterschiedlichen Zeiten, doch sie sind immer alle da, siehst du das?

Wenn du eine Blume betrachtest, siehst du nur eine Blume. Aber auch der Abfall ist bereits da. Abfall und Blume gehören immer zusammen. Lässt du die Blume einige Tage ohne Wasser, wird sie schon bald zu Abfall. Als gute Meditierende siehst du jetzt schon den Abfall. Es wäre falsch zu sagen, der Abfall sei noch nicht da. Er ist in der Blume und braucht nur ein oder zwei Bedingungen, um sich zu zeigen. Und wenn du tief in den Abfall hineinschaust, wirst du auch die Blume sehen, die darauf wartet, wieder in Erscheinung zu treten.
Die buddhistische Antwort auf deine Frage ist: Das Ei ist in der Henne, und die Henne ist im Ei. Kein Danach und kein Davor.

INTERSEIN

Vorbereitung: Sie besuchen mit den Kindern ein Tierheim; wenn möglich eines, wo es Besuchern erlaubt ist, die jungen Hunde und Katzen zu streicheln. Oder jemand bringt einen Hund mit in die Schule. Es ist darüber hinaus gut, wenn jedes Kind ein Bild von sich als Baby hat. Oder Sie verwenden Samen und passen das Gespräch über Intersein entsprechend an.

Wir streicheln gleich die jungen Hunde oder Kätzchen, doch möchtet ihr euch, bevor wir das tun, vor ihnen verbeugen?
[Ja.]
Warum?
[Um ihm zu zeigen: Wir wissen, dass es die Buddha-Natur hat. Um ihm unsere Liebe und unseren Respekt zu zeigen.]

Fordern Sie die Kinder auf, genau darauf zu achten, welche Geräusche die Tiere machen. Erklären Sie ihnen, dass auch dieses Miauen und Bellen Glocken der Achtsamkeit sind. Zeigen Sie ihnen, wie man ein Tier am besten streichelt: Verbeugen Sie sich, dann legen Sie eine

Hand unterstützend unter dessen Körper. Laden Sie die Kinder ein, sich vor dem jungen Hund oder dem Kätzchen zu verbeugen und das Tier dann sanft zu streicheln. Lassen Sie den Kindern Zeit für das Halten, Streicheln und Sprechen mit den Tieren. Bringen Sie die Tiere dann wieder zu ihrem Körbchen oder ihrem Ruheplatz zurück.

Woher kommt der kleine Hund?
[Aus seiner Mutter.]
Wurde er geboren?
[Ja.]
Wurde er in dem Moment geboren, als er aus seiner Mutter kam?
[Ja.]
Ich glaube nicht! Geboren werden bedeutet, dass wir aus Nichts zu Etwas werden. War der kleine Hund wirklich Nichts, als er aus seiner Mutter kam?
[Nein … er war im Bauch seiner Mutter lebendig.]
Wir haben entdeckt, dass es nicht ganz richtig war zu sagen, dass der kleine Hund geboren wurde, als er aus dem Bauch seiner Mutter kam, denn wir wissen, dass er schon vorher lebendig war. Könnten wir sagen, er war schon lebendig, bevor er im Bauch seiner Mutter war?
[Ja.]
Können wir sagen, er war teilweise in seiner Mutter und teilweise in seinem Vater lebendig?
[Ja!]
Denkt ihr, das trifft auch auf Menschen zu? Wie ist das mit uns?

Fordern Sie die Kinder auf, ihr Babybild zu betrachten.

Wann ist euer Geburtstag?

Lassen Sie den Kindern Zeit, ihr Geburtsdatum zu nennen.

Warum nennt ihr das euren Geburtstag?

[Weil ich an dem Tag aus dem Bauch meiner Mutter kam.]
Wenn wir sagen, wir wurden an dem Tag geboren, als wir aus dem Mutterleib kamen, ist das genauso, als würden wir sagen, die jungen Hunde wurden an dem Tag geboren, als sie aus ihrer Mutter kamen. Und wir wissen ja inzwischen, dass das nicht stimmt.
Wart ihr Nichts, bevor ihr aus dem Bauch eurer Mutter kamt?
[Nein! Im Bauch meiner Mutter war ich lebendig. Meine Mutter hat gesagt, sie konnte mich hören und meine Bewegungen spüren, als ich in ihr war.]
Was wart ihr, bevor ihr in eurer Mutter lebendig wart? Wart ihr da Nichts?
[Nein, ich war eine Idee, die darauf wartete zu passieren! Ich war ein kleines Ei. Ich war nie Nichts.]
Wo wart ihr, bevor ihr in eurer Mutter wart?
[Ein Teil von mir war in meiner Mutter, ein anderer war in meinem Vater. Ich war in meinen Großeltern. Hey. Das könnte ja immer weiter zurückgehen?]
Wir können erkennen, dass ihr niemals Nichts gewesen seid! Da »geboren werden« bedeutet, dass wir aus Nichts Etwas werden ..., können wir, tief schauend, sagen, dass wir niemals geboren wurden! Oder wir können sagen, dass wir schon immer geboren gewesen sind. Wir sind immer Etwas gewesen, sind nie Nichts gewesen.
Manchmal waren wir eine Idee, manchmal ein Teil anderer Menschen, manchmal sind wir das, was wir jetzt gerade sind. Vielleicht waren wir eine Wolke oder eine Blume oder ein Fluss. Unser Lehrer Thich Nhat Hanh sagt, dass wir unseren Geburtstag besser »Tag unserer Kontinuität, unserer Fortführung« nennen sollten. Warum glaubt ihr, meint er das?
[Um uns daran zu erinnern, dass wir niemals geboren wurden. Wir sind immer aus Etwas gekommen. Wir setzen das fort, was schon unsere Vorfahren fortgesetzt haben!]
Wenn ihr das nächste Mal eine Geburtstagsparty gebt, können euch eure Freundinnen und Freunde ja das Lied »Happy Continuation Day to You« vorsingen.

Wenn ihr nie geboren wurdet, könnt ihr denn dann sterben?
[Nein!]
Wie kommt es, dass ihr lebendig bleiben könnt? Wieso werdet ihr nie sterben?
[Weil Sie mich kennen. Ich bin eine Idee in Ihnen. Solange Sie leben, so lange bin ich lebendig, und ich werde in allen leben, die Sie jemals kennengelernt haben. Wenn ich Kinder habe, werde ich ein Teil von ihnen sein. Bin ich in allem lebendig? Ich vermute es. Hey, das geht ja immer weiter!]
Warum ist es so wichtig, dass wir wissen: Wir wurden nie geboren und können auch nicht sterben?
[Weil man dann, wenn man krank ist und im Krankenhaus zu hören bekommt, dass man bald stirbt, sagen kann: Ich werde niemals sterben. Und wenn die Familie kommt und traurig ist, kann man sagen: Seid nicht traurig; ich werde niemals sterben. Weil man keine Angst bekommt, wenn einem gesagt wird, dass man sterben muss, denn man weiß, dass das nicht stimmt. Weil wir besser auf andere achtgeben, wenn wir wissen, dass wir in ihnen weiterleben. Und wir müssen auf uns selbst gut achtgeben, denn wenn meine Freundin in mir lebendig ist, kümmere ich mich auch um sie, wenn ich auf mich selbst achtgebe.]
Wenn wir wissen, dass wir niemals geboren wurden und niemals sterben werden, brauchen wir nicht traurig zu sein oder uns zu ängstigen; wir können unsere Freunde und Freundinnen, unsere Familie trösten, uns daran erinnern, auf uns gut achtzugeben, da andere in uns lebendig sind. Zu wissen, dass wir niemals geboren wurden und niemals sterben werden, wird uns helfen, glücklich zu sein und andere glücklich zu machen.

Anhang

Beispiele für Achtsamkeitslektionen

Es ist hilfreich, jede Sitzung gut zu beginnen und zu beenden, damit die Kinder sich daran stets mit Freude erinnern. Eine gute Übung ist die Achtsamkeit auf den Atem, während die Kinder der Glocke lauschen. Rufen Sie ihnen ins Gedächtnis, dass sie immer, wenn sie sich zentrieren müssen, zu ihrem Atem zurückkehren können. Sobald die Kinder gelernt haben, die Glocke einzuladen, lassen Sie sie die folgenden Sitzungen durch das Einladen der Glocke beginnen und beenden. Hier finden Sie Beispiele für 45- bis 60-minütige Lektionen für Kinder zwischen sechs und zwölf Jahren.

Erste Lektion: Mit der Glocke atmen, um den Geist zu beruhigen

Materialien: Glocke, Glasvase, Wasser, farbiger Sand

1. Erklären Sie die Bedeutung der Glocke (siehe S. 53) und das Zählen des Atems mithilfe der Glocke (siehe S. 55). **10 Minuten**
2. Das Einladen der Glocke erlernen (siehe S. 57). **10 Minuten**
3. Der Geist in einem Gefäß (siehe S. 16). **20 Minuten**

Hausaufgabe: Suchen Sie einen Klang oder etwas anderes aus, das für Ihre Schüler/innen bis zur nächsten Stunde als Achtsamkeitsglocke fungieren soll. Wann immer sie diesen Klang dann hören oder mit der Alternative in Berührung sind, halten sie inne und kehren zu ihrem Atem zurück. Die Kinder können auch ihre Achtsamkeit auf eine tägliche Aktivität richten, wie den Rucksack aufsetzen, ein Buch aufschlagen, etwas trinken oder auf die Toilette gehen. In der nächsten Stunde tauschen sich die Kinder darüber aus, wie es ihnen damit ergangen ist, bei einer bestimmten Handlung immer achtsam zu sein.

Zweite Lektion: Frisch, fest, ruhig, frei

Materialien: eine Kopie des Übungsblattes zur Kieselstein-Meditation für jedes Kind. (Sie können den Kindern auch ein leeres Blatt Papier geben, sodass sie sich ihre eigene Unterlage anfertigen können.)

1. Kieselstein-Meditation (siehe S. 64) mit Austausch danach. **15 Minuten**
2. Kieselstein-Übungsblatt (siehe S. 73). **15 Minuten**

Hausaufgabe: Die Kinder sollen zu Hause einen Platz für sich finden, wo sie zur Ruhe kommen können. Dort legen sie ihre Kieselsteine hin sowie andere Dinge, die den Atemraum zu einem schönen, einladenden Ort machen. In der nächsten Stunde berichten die Kinder davon.

Dritte Lektion: Intersein

Materialien: eine Rosine pro Kind, Papier, Zeichenutensilien

1. Rosinen-Meditation (siehe S. 128) oder Zufriedenheit (siehe S. 156). **10 Minuten**

2. Intersein zeichnen (siehe S. 132). **20 Minuten**
3. Murmelrolle (siehe S. 136). **10 Minuten**

Hausaufgabe: Die Kinder sollen zu Hause für die Familie eine Kleinigkeit zum Essen zubereiten und servieren. Sprechen Sie in der nächsten Stunde darüber, wie bei dieser Speise alles mit allem verbunden ist.

Vierte Lektion: Verstehen und Mitgefühl

Materialien: eine Kopie des Übungsblattes zu den Zwei Versprechen

1. Stellen Sie die Zwei Versprechen vor und tauschen Sie sich mit den Kindern darüber aus (siehe S. 115). **20 Minuten**
2. Übungsblatt zu den Zwei Versprechen (siehe S. 120). **10 Minuten**
3. Verbeugen (siehe S. 99). **5 Minuten**

Hausaufgabe: Die Kinder praktizieren Verstehen und Mitgefühl mit einem Lebewesen oder einem Objekt und tauschen sich darüber in der nächsten Stunde aus.

Fünfte Lektion: Erdberührungen

1. Erzählen Sie die Geschichte von Buddha und Mara (siehe S. 110). **10 Minuten**
2. Machen Sie die Erdberührungen (siehe S. 106). **10 Minuten**
3. Woraus bestehe ich? (siehe S. 113). **30 Minuten**

Hausaufgabe: Die Kinder verbringen Zeit in der Natur (in einem Park, in der Nähe eines Baumes oder bei einer Pflanze) und denken darüber nach, wie sie mit diesem besonderen Teil der Natur verbunden sind.

Sie können auch »Die Natur um Erlaubnis bitten« praktizieren (siehe S. 144).

Beispiel für ein Vormittagsprogramm mit Jugendlichen

Mönche und Nonnen aus Waldbröl waren eingeladen, in einem Gymnasium in Waldbröl im Bergischen Land einen Vormittag der Achtsamkeit anzubieten. Ihr Programm sah folgendermaßen aus:

1. Achtsamkeit auf den Atem (Achtsamkeit auf die Länge des Ein- und Ausatems (siehe S. 55). **5 Minuten**
2. Einführung, Austausch über die Ziele an diesem Vormittag. **20 Minuten**
3. Erläuterung, wie gut Achtsamkeit tut und wie man sie im Alltag anwenden kann. **20 Minuten**
4. Achtsame Bewegungen. **10 Minuten.***
5. Tiefenentspannung (siehe S. 76). **30 Minuten**
   (Sie können mit einem kurzen Austausch darüber beginnen, was wir tun, wenn wir uns gestresst fühlen.)
6. Die Snack-Meditation oder die Rosinen-Meditation (siehe S. 126 u. S. 128). **30 Minuten.**
7. Pause. **20 Minuten.**
8. Vorstellung des tiefen Zuhörens und liebevollen Sprechens. **10 Minuten**
9. Paarweises tiefes Zuhören (siehe S. 177). **30 Minuten**
10. Ende: Schlussrunde, bei der die Schüler/innen sagen, was sie mochten, nicht mochten und was sie gelernt haben. **30 Minuten**

---

* Einen Film über die zehn Bewegungen finden Sie unter http://vimeo.com/4853147. Eine Beschreibung ist in: Thich Nhat Hanh, *Alles, was du tun kannst für dein Glück*, S. 85ff.

Beispiel für den Ablauf eines achtsamen Familientages

Bei diesem achtsamen Familientag können Eltern und Kinder den ganzen Tag zusammen verbringen. Der folgende Ablauf hat sich dabei als sehr erfolgreich erwiesen:

9.30 Ankunft, Einführung und Vorstellung des Tagesablaufs
10.00 Dharma-Abenteuer! Bilden Sie fünf Gruppen zu je fünf bis zehn Personen, bestehend aus Erwachsenen und Kindern. Jede Gruppe begibt sich zu einem anderen Ort, um dort entweder Kieselstein-Meditation zu praktizieren (siehe S. 63), ein gemeinsames Kunstwerk oder Natur-Mandala anzufertigen (siehe S. 149), ein kooperatives Spiel zu spielen (wählen Sie eines aus dem achten Kapitel), einen Snack zuzubereiten und zu essen (siehe S. 126) oder ein Rollenspiel über das Leben in der Familie durchzuführen (siehe S. 136). Jede 30 Minuten wechseln die Gruppen den Ort, sodass jede Gruppe an allen fünf Aktivitäten teilnehmen kann. Helfer/innen, die vorab die nötigen Vorbereitungen für jede Aktivität getroffen haben, führen jede neue Gruppe in die jeweilige Aktivität ein. (Selbstverständlich können Sie Anzahl und Inhalt der Aktivitäten den Bedürfnissen der Gruppe anpassen.)
12.30 Mittagessen
14.00 Tiefenentspannung für Kinder (siehe S. 76), angeleitet von Kindern; gefolgt von Erdberührungen für Kinder (siehe S. 106), die auch von Kindern vorgelesen werden können.
15.00 Eltern und Kinder praktizieren den Neubeginn (siehe S. 93). Die Kinder brauchen dafür keine Karten herzustellen, sondern drücken einfach ihre Dankbarkeit den Eltern gegenüber aus. Die Eltern sammeln Objekte aus der Natur, die sie ihren Kindern geben.
16.00 Abschiednehmen

Übungen – Übersicht

Tägliche Achtsamkeit

Atmen mit der Achtsamkeitsglocke

Kieselstein-Meditation

Meditationen während des Tages

Mitgefühl und Gemeinschaftssinn stärken

Achtsames Essen

Danksagung

Wir möchten uns bei Terry Cortes-Vega und Susan Hadler sehr herzlich dafür bedanken, dass sie die zahlreichen Entwürfe dieses Buches so sorgfältig durchgesehen haben. Terry hat viele Stunden über Skype mit der Herausgeberin beratschlagt und war dabei überaus kreativ und unterstützend. Wir sind Terry darüber hinaus sehr dankbar für die vielen eigenen Übungsbeispiele, die sie zu diesem Buch beigesteuert hat.

Wir möchten Meena Srinivasan danken für ihren bedeutenden Beitrag zum ersten Kapitel. Sehr dankbar sind wir auch May Fu, Tineke Spruytenburg, Meena Srinivasan, Susanna Barkataki, Cathy Barkataki, Annie Mahon, Kathi Kollerman, Anita Wong, Ingrid Depner, Sandra Huber und Angela Bergmann für die Durchsicht des gesamten Manuskripts oder einzelner Teile. Ebenfalls sind wir vielen Sangha-Freundinnen und Freunden dankbar für ihre Abschrift von Vorträgen, die in dieses Buch eingeflossen sind.

Wir sind voller Wertschätzung für die vielen Menschen, die uns an ihren Erfahrungen und ihrer Weisheit in ihrer Vermittlung von Achtsamkeit an Kinder teilhaben ließen.

Hilfsmittel

Auf der englischen Website zu diesem Buch, www.plantingseedsbook.org, finden Sie eine Vielzahl von Hilfen für Ihre Praxis, weitere Texte und Übungen sowie ein Glossar (in Englisch).

Der Autor

Thich Nhat Hanh, 1926 in Zentralvietnam geboren, gehörte zu den renommiertesten buddhistischen Persönlichkeiten unserer Zeit. Er war Zen-Meister, Gelehrter, Poet, Friedensaktivist und führender Vertreter eines engagierten Buddhismus. Von Martin Luther King Jr. wurde er für den Friedensnobelpreis vorgeschlagen.

Er lebte viele Jahre im Exil in Frankreich in dem von ihm gegründeten Praxiszentrum Plum Village. Seine zahlreichen Bücher über achtsames Leben sind in viele Sprachen übersetzt. Mittlerweile gibt es zahlreiche Zentren in aller Welt, die in der Plum Village Tradition stehen, so auch das EIAB (Europäisches Institut für Angewandten Buddhismus) in der Nähe von Köln.

Thich Nhat Hanh starb 2022 im Alter von 95 Jahren in seinem Wurzelkloster in Hue, Vietnam.

Praxiszentren

Die Kunst des achtsamen Lebens in der Tradition von Thich Nhat Hanh wird weltweit in Praxiszentren gelehrt.

Informationen dazu finden Sie unter:

Plum Village
13 Martineau
F-33580 Dieulivol
www.plumvillage.org

Workshops und Retreats in deutscher Sprache finden Sie unter:

EIAB - Europäisches Institut für Angewandten Buddhismus
Schaumburgweg 3
51545 Waldbröl
www.eiab.eu

Intersein
Zentrum für Achtsamkeit und Meditation
Unterkashof 50
94545 Hohenau
www.intersein-zentrum.de
Infos unter: www.intersein.de